# 幼兒行為觀察與記錄

## Behavior Observation and Records of Young Children

郭靜晃◎著

# 序

　　瞭解幼兒就是要接觸他、觀察他，尤其是兒童在自然情境與環境之互動。然而如何理解幼兒行為的意涵，這是家長與教保實務工作者最想瞭解的。掌握幼兒行為不僅可用於診斷其健康與發展情形，又可幫助父母與實務工作者如何回應兒童的行為，進而規範適合兒童個別差異的學習與教保方式。

　　瞭解幼兒行為涉及對幼兒行為觀察、記錄及詮釋。本書的出版主要是介紹觀察幼兒行為的意義及技巧，以幫助父母及專業教保人員瞭解幼兒行為的變化與意義，以充能（empower）照顧及教保實務的能力。本書共分十章：第一章〈幼兒行為觀察的基本概念〉，第二章〈幼兒行為觀察作為研究方法〉，第三章〈幼兒行為觀察之抽樣策略〉，第四章〈日記法〉，第五章〈軼事記錄法〉，第六章〈樣本描述法〉，第七章〈檢核表法〉，第八章〈評量表法〉，第九章〈範圍單位分析法〉及第十章〈觀察資料的詮釋〉。

　　本書主要是提供家長及幼教（保）相關科系學生的上手入門書，在撰寫時內容儘量提供實例說明，並儘量介紹觀察指引，期讀者能對幼兒行為觀察有一完整的認識。

　　本書之出版感謝揚智文化公司葉總經理的鞭策鼓勵，以及閻總編輯的用心校稿及編排才得以順利付梓出版。最後，恐本人在此領域才疏學淺，如有疏誤之處，尚祈先進不吝斧正。

**郭靜晃** 謹識

2015年10月

目
錄

# 目　錄

# Chapter 1

# 幼兒行為觀察的基本概念

「……小婷是一幼兒園的四歲女童。陳老師非常想知道小婷在團體分享時間之後的自由遊戲活動（約四十分鐘）中做些什麼。小婷花很多時間在扮演角，並沒有玩扮演遊戲。陳老師利用Smilansky的社會戲劇遊戲量表觀察小婷數天。Smilansky量表讓陳老師瞭解兒童在玩戲劇遊戲時，哪些是高層次的社會戲劇遊戲行為，而哪些不是？在分析整個量表之後發現，小婷是有能力採取角色扮演及使用玩物轉換能力（例如可以用黏土假裝吃漢堡）。小婷也常常使用符合其角色的語言行為（假裝溝通）。但是Smilansky量表卻顯示小婷較少與同儕互動，且較少使用後設溝通能力來與同儕一起規劃及組織遊戲情節，也就是小婷似乎缺乏參與團體戲劇遊戲的語言及社會技巧。從這些遊戲觀察的資料分析，陳老師決定幫小婷找一個具良好社會戲劇技巧的玩伴。在六個星期之後，小婷從其同伴（鷹架）學到很多的社會互動技巧，現在小婷可是此類遊戲的高手。」

這是一位幼兒園老師應用所觀察記錄的幼兒的生活片段，並運用客觀的量表分析，藉著觀察，他看見小孩的弱點，並掌握教育介入策略來提升兒童的學習能力。

觀察是瞭解幼兒遊戲的關鍵，而遊戲是兒童發展之窗，藉著觀察，我們可以瞭解孩子的興趣與能力，例如幼兒喜歡參與的遊戲種類、所偏好的玩具及遊戲設備、喜歡在什麼地點玩，以及所玩的戲劇遊戲的主題有哪些。此外，藉著觀察也可以瞭解孩子遊戲發展的層次，以及幼兒在不同的遊戲中，何者表現較好，何者表現較差。

觀察不僅是「看到」，而是一種有系統的方法，對看到的內容，涉及知識、經驗及分析能力。所以「觀察」是任何一個專業工作領域所必須具備的技能。觀察更是有目的、有系統的觀看與覺

察。幼兒行為觀察就是用詳盡、精確、客觀以及有目的、有系統地觀看並記錄幼兒行為，依據幼兒在行為背後的發展知識來評估幼兒行為的涵義，以進一步瞭解幼兒的發展現況、需求、興趣與能力，並依知識基礎做推論與結論（陳李綢、李淑娟、保心怡，2007）。幼兒行為觀察可應用於個案的觀察和團體（例如遊戲或課程進行）的觀察。

## 第一節　觀察的意義

　　觀察是日常生活裡人際互動中最普遍的行為，也是獲得外界訊息的基本方法，其在兒童身上，可應用到行為輔導、教學準備、瞭解兒童健康安全、評量兒童學習以及延續有品質的溝通互動等功能，在研究上也可應用實際兒童生活情境的自然觀察和人為控制瞭解因果關係的實驗情境觀察。嚴謹而言，觀察是帶有目的、依據興趣主題做有計畫、有系統的檢視，並運用系統客觀的記錄，來針對特定行為作客觀性解釋，以作為日後輔導、診斷或教學的依據。簡言之，觀察就是集中注意力在環境中某人、地、事、物，透過感官器官在環境中獲得訊息，再與個人經驗結合，最後達到判斷。

### 一、觀察的基本意義

　　林正文（1993）指出觀察具有四個基本意義，分述如下：

## (一)具明確目的

日常觀察無所不在，常是漫不經心，對行為斷章取義。但兒童行為觀察，如同科學研究般，不但有目的，而且要明確，所以說來，兒童行為觀察是帶有特定目的而進行觀察。

## (二)具系統規劃

兒童行為觀察是隨著問題，在特定目的指引下，作有系統規劃，以進行下次資料的蒐集。

## (三)隨時保持記錄

兒童行為觀察不像日常生活中的隨意觀察，不僅要有抽樣系統、特定目標行為的觀察，而且要隨時保持完整記錄，可運用質／量化方法來針對記錄作分析，以達到客觀、有系統的描述或概論（generalizability）。

## (四)提供具體建議

不管計畫是診斷、行為輔導或教學延伸，所觀察的資料記錄，其最終目的乃在運用資料作進一步的分析，以達成行為的修正、教學準備或推定行為的延伸，不然此項觀察便是白費力氣。

## 二、兒童行為觀察的目的

不同專業的人，例如教師、心理學家、醫師、社會工作者常會運用此種技巧對兒童進行各方面的觀察。健康人員如醫生、心理學家對兒童進行觀察，例如病症的特徵或打針後的後續情形，心理

學家針對兒童行為觀察來進行診斷行為症狀。兒童照護人員及家長也是注意兒童生理、心理各層面的症狀進行觀察，以確定行為症狀及癥候，以利進一步轉介或資源運用。Nilsen（2003: 2-4）指出，兒童行為觀察具有下列目的（引自陳李綢、李淑娟、保心怡，2007）：

## (一)察覺安全問題

兒童（尤其是幼兒）最容易在環境中產生事故傷害，所以說來，對幼兒的行為以及環境互動中觀察，最能瞭解兒童身處情境，尤其是危險情境，以達到避免危險，保障兒童安全的重要功能。

## (二)注意兒童健康訊息

藉著觀察，成人隨時可檢視兒童疾病的病徵（sign）、癥候（symptom）及症候群（syndrome），以決定之後的處遇措施。

## (三)提供即時適切的協助

透過觀察可以瞭解兒童的第一手資料，例如瞭解兒童生活健康情形、學習及遊戲的訊息，家長及專業人員可憑經驗判斷是否要介入。

## (四)提供指引與輔導

成人是否要介入兒童遊戲，要依經驗及哲學而定，學習的主人是兒童，是建構主義的觀點，還是要在最適當的時機才介入，不然兒童需建構其學習經驗，成人是輔助者；然而心理分析學派或成熟學派則認為成人不應介入兒童學習，但行為學派則認為兒童學習需

靠成人增強過程來建立。預防勝於治療，事先給予指導要比事後管教或懲罰來得有效，成人可從觀察當中來避免潛在的問題發生；但如果兒童對學習有困難，成人可透過一些方法幫助兒童建構經驗來突破困難。

## (五)發現兒童興趣

透過觀察，成人可從兒童從事的活動或談話的內容找出兒童特別關注的事物及興趣，然後再與學習的課程或計畫連結，以達到學習能力的建構或困難的突破。

## (六)瞭解兒童學習，擬定教學策略，達成教學目標

兒童的行為可呈現其人格特質、學習型態，藉由觀察，成人可掌握教導的時機（teaching for moment）作教學調整，讓孩子的學習更上一層樓；此外，老師也可運用觀察，依照兒童個別的需求來規劃合宜的課程。

## (七)衡量兒童學習與評量，評估學習效果

老師應隨時或定期觀察兒童，以瞭解其學習現況，並利用所觀察的訊息以評量兒童學習過程。評估是評量的最後做決定的階段，評量後的結果除了告知父母其兒童學習情形，並依此做出有關未來的決策。

## (八)作為溝通的依據

觀察作為與兒童溝通，一方面是不打斷兒童的行為，另一方面為促進與兒童進一步互動的依據；觀察作為與父母溝通，將助於父

母瞭解兒童成長的具體事實。觀察可提供老師評量兒童的一些描述性的說明，而不是直接被告知結果。

## (九)作為成人在管教與教導的反省

觀察不僅看到兒童，同時也提供成人思考本身對於兒童的影響以及兒童對成人的影響。父母可反思本身管教的效能，而老師更可透過觀察與記錄，例如孩子的語言及非語言提示、行為頻率，以瞭解教師效能。

## (十)檢視整體課程計畫

觀察可幫助實務工作者瞭解課程的全貌，同時也可分析課室管理的特定問題有否達到方案或課程的目標，這也是行動研究的基礎資料。

## (十一)進行輔導或轉介

觀察及記錄可瞭解兒童個別訊息及在團體互動的訊息。有一些兒童發展的異常警訊，除了評量作為輔導的依據，更涉及專業通報或轉介（例如兒童虐待特徵或發展遲緩），老師要依專業角色進行通報與轉介。

綜合上述，觀察的目的主要在幫助家長與實務工作者瞭解幼兒能力、興趣、社會關係、語言發展等，甚至找出幼兒行為問題的癥結，藉以反思或改變與其相處的方式。然而觀察並不是隨意、漫無目的進行，而是要有系統且要有記錄。記錄更有記憶、比較、補充、保留細節、成為文件等功能（Nilsen, 2003）。此外，觀察法更

具有貼近兒童生活的自然情境，被觀察對象不被干預也不需要與觀察者一起合作，使蒐集的資料更為客觀及符合兒童生活情境。

## 第二節　觀察的準備

兒童行為觀察可用在研究特定問題，也可用在瞭解及評量兒童行為，如同進行一項特定計畫，必須預先做準備，例如，行為問題釐清的準備、心理的準備、工具的準備及專業能力的準備。

### 一、行為問題釐清的準備

### (一)確定觀察目標

誰是標的目標（target subject or object）？是個人或團體？

### (二)確定觀察的5W及記錄的設計與格式

1. 觀察內容（what）：兒童行為，例如健康、社會行為、動作技巧等，是反應頻率或行為品質，在觀察前要預先決定觀察的重點，而且要預試。

2. 觀察時間（when）：預備在什麼時間？觀察多久？時間對兒童的行為是否要做推論？這可運用時間抽樣或事件抽樣之策略。

3. 觀察地點（where）：觀察地點可在自然情境的田野，例如家中、學校、鄰里公園，也可在實驗情境的實驗室。觀察者可以參與其中，也可在單面鏡後觀察。有時有特別的設備，如

攝影機、隱藏式麥克風，如此一來就不會影響兒童自然行為的表現。

4.決定觀察方法（how）：如何進行觀察行為，以及使用何種方法？觀察的記錄可否有更適合的方法？

5.觀察動機／原因（why）：觀察後的行為之用途、診斷？後續輔導？轉介？這些資訊要與哪些人（例如家長、其他專業人士）做何種功能，如分享、輔導等目的。

6.觀察記錄的設計及格式：觀察的內容是質性記錄（用文字、圖型、符號）還是量性記錄（操作化之後的數字）。依不同觀察目的決定如何記錄資料。

## 二、心理的準備

所有與兒童在一起的機會，任何人都有機會看到兒童在進行某一特定行為。但是兒童行為觀察是有系統地帶著特定目的來進行觀察。所以身為一位觀察者，在觀察前就要有預先的心理準備，例如：

1.認識幼兒行為發展的意義。

2.瞭解幼兒的發展階段。

3.從觀察的行為中察覺幼兒的成長過程。

4.具有專業的觀察動機：為什麼觀察、以主動願意的態度進行觀察。

5.以開放的角度觀察幼兒的個別差異。

6.避免造成偏差：先入為主、刻板印象等觀念。

幼兒行為觀察與記錄

## 三、工具的準備

　　觀察時，不能只用眼睛看而已，也要隨時要做記錄，記錄需要一些必要的工具準備，例如：

　　1.筆：

　　　　(1)種類以書寫效果清晰為主。

　　　　(2)功能依記錄內容加以分類。

　　　　(3)隨身攜帶。

　　2.記錄紙張：

　　　　(1)隨身攜帶小筆記本。

　　　　(2)可搭配其他文具，例如：大張的黏貼標籤、立可貼、活頁紙、分類標籤等。

　　3.工作服：選用有大口袋的工作服為佳。

　　4.計時器：選用有秒針的手錶、時鐘、碼錶或沙漏。

　　5.壓克力板或透明塑膠墊：方便觀察者有一個平坦的地方記錄。

　　6.其他工具：例如相機、錄音機、攝錄放影機。

## 四、專業能力的準備

### (一)基本的專業能力

　　觀察重在自然情境中，觀察者要去除自我預期（self desirability），對被觀察者保持開放的態度，縝密蒐集具真實性及代表性的行為，當然也要避免被觀察者知情而影響到事實行為，例

如霍桑效應（The Hawthorne Effect）或約翰亨利效應（John Henry Effect）。所以，觀察者在觀察時要具有基本的專業能力，例如：

1. 觀察者所反映的行為表現不僅代表自己，同時也代表所屬機關團體。
2. 以開放的態度去觀察、記錄。
3. 忠實描述觀察的現象。
4. 隨時整理觀察所得的資料。
5. 進入觀察前，須詢問幼兒或父母同意並以文字書寫下來。
6. 觀察時以安全為考量。
7. 觀察結果時，避免扮演一位診斷者或輔導者。以幼兒的角度去記錄問題。
8. 避免產生觀察的偏差。

## (二)影響觀察偏誤的因素

如果觀察的準備不夠，就可能會造成觀察偏誤（observation bias），影響觀察偏誤的因素有：

1. 專業能力不足。
2. 對幼兒產生「月暈現象」。
3. 觀察中引起幼兒注意產生「霍桑效應」。
4. 觀察者的敏感度和人格特質的限制。
5. 觀察者在生理、心理上的變化。
6. 不同情境造成的影響。

## (三)避免觀察偏誤的建議

所以說來，觀察者應如何避免觀察的偏誤，陳李綢、李淑娟、保心怡（2007）建議：

1.觀察者儘量讓觀察對象保持在自然真實的狀態。
2.觀察者須讓自己的身心保持在最佳狀態。
3.觀察者須意識到觀察時「成見」的影響，儘量保持客觀、開放的態度。
4.觀察者須準確地運用文字，避免將兒童行為標籤化。

 ## 第三節　兒童行為觀察的倫理

兒童行為觀察是針對特定問題，應用觀察方法與資料來回答關心或研究的問題。行為觀察研究是一種非反應性測量（non-reactive measure），所以不同於調查與實驗方法的資料測量及蒐集方式，其主要的倫理議題如下：

### 一、道德問題

因非反應性的觀察研究，要儘量對於兒童潛在利益增至最大，並使可能的傷害減至最小。

## 二、知情同意的權利

在行為觀察，尤其對兒童，他們的肖像權、語言權常被忽略，所以進行觀察時，要有知情同意的權利，例如要獲得父母的書面同意，兒童及父母也有權決定是否要被觀察。同時，觀察者要與父母達到有清楚的協議，讓研究對象瞭解他們能從觀察獲得什麼以及要完成什麼義務。

## 三、維持隱私與機密性的權利

在觀察者與父母說明觀察結果，不可濫用知識，並嚴守扮演觀察者的角色，不可逾越而扮演診斷者或治療者的角色。同時觀察記錄要使用匿名，資料要小心保存，不可外洩，除非是「必要知悉」（need-to-know）的人士，如教師、家長、社工、醫生等，也不可隨意與同事討論內容，除非有家長同意。

## 四、注意兒童的感受

觀察時要瞭解兒童的心理感受，也不可利用資料與其他同儕相互比較，而傷害兒童的自尊。

# Chapter 2

# 幼兒行為觀察作為研究方法

兒童行為觀察作為研究，可以應用於質性研究，也可用於量化研究，尤其是用在探索性及描述性的研究目的。在量化上，兒童行為觀察是一種非反應性研究，在質性研究上，是一種可掌握自然情境的蒐集的科學方法。

「觀察法」意指在自然的情境或控制的情境下，根據研究操作定義及研究目的，對現象或研究對象之行為作有計畫、有系統的觀察，並依觀察記錄，對所觀察之事物作一客觀的描述與解釋（郭靜晃，2007）。觀察研究常被用於質化研究的自然觀察，如社會學、政治學、人類學。也可用於量化研究，尤其是控制情境的實驗觀察，如教育學、心理學或自然科學。觀察研究成為對現象或個體行為作客觀性解釋，其特點有：

1. 觀察研究運用很廣，可在控制情境下進行研究（實驗觀察研究），也可在自然情境下實施（自然觀察研究）。
2. 觀察研究必須是具科學化、有系統、客觀性，此種研究必須在有目的指引，以及有計畫和有系統地進行資料蒐集，而不是漫無目的及系統的觀察。
3. 觀察進行時，必須隨時將記錄文件轉換成有用的資料，以達到客觀地詮釋與解釋。

## 第一節　兒童觀察作為一科學研究

### 一、兒童行為觀察之特性

兒童行為觀察成為一行為科學至少包括下列幾個特性：

1.其是有系統與控制的，蒐集的資料與分析是井然有序的。

2.其是實徵性，研究者的主觀想法必須經客觀事實來加以驗證。

3.避免研究者的自我期許，造成資料偏誤。

4.符合生活情境的推論，具有較佳的外在效度。

## 二、符合科學研究之觀察標準

為了要符合科學的研究，觀察研究要具備下列標準（郭生玉，1991：172-173）：

第一，科學的觀察必須是有系統與有計畫的，而非無系統或無計畫的觀察。

1.確定所要觀察的現象或行為是什麼？

2.確定觀察的實施程序是什麼？

3.確定如何訓練觀察者？

第二，科學觀察必須是客觀而無偏差的觀察。

1.觀察者所使用的方法以及其能力和態度影響觀察的客觀性與正確性。

2.觀察之前，應將所要觀察的現象或行為明確界定，以供觀察時遵循。影響觀察者的心理因素包括：

(1)注意：易忽視和問題無關的部分。

(2)感覺：需借助於其他儀器的使用，以使感覺的刺激更為正確。

(3)知覺：個人常以個人過去的經驗來解釋所觀察到的東西，因而經驗不同，解釋也不同。

(4)構想（概念）：個人所觀察到的東西，如果超越過去經驗能解釋的範圍，常須運用想像的概念予以解釋，故將導致觀察結果的主觀偏差。

第三，科學的觀察必須是可以數量化的，研究者必須盡可能在擬定觀察計畫時，就設計一套適當的量化方法。

第四，科學的觀察必須具有良好的信度和效度。

1.不同的觀察者所觀察到的結果須能符合一致（信度）。

2.所觀察到的現象或行為，必須是研究者所想要測量者（效度）。

 ## 第二節　兒童行為觀察研究的類型

### 一、兒童行為觀察研究類型

社會學者Raymond Gold（1969）將參與觀察「涉入程度」與「觀察身分」分成四種類型的觀察型態，分述如下：

### (一)完全參與者（complete participant）

研究者在當地進行研究完全融入對方的生活，身分和當地成員相同。而對方完全不知道研究者的真實身分，也因為如此研究者更能自然地和對方互動。然而這種作法，常有違背研究倫理的疑慮，

同時也影響所謂的「科學性」與「客觀性」。

## (二)參與的觀察（observer-as-participant）

觀察者出現在現場並表明身分，並不積極參與觀察對象的活動，觀察對象知道研究者正在觀察自己。雖然可以避免研究倫理的問題，但對研究團體的描述失真，無法完整呈現原貌，並且研究者很可能受到不公平的對待。

## (三)觀察的參與（participant-as-observer）

以圈內人或融入圈內的人來進行觀察，積極參與觀察對象的活動，且觀察對象知道研究者正在觀察自己。

## (四)完全觀察者（complete observer）

不參與過程，只進行觀察。觀察的主體較不容易受到影響，但是不能夠體會到原始面貌和情境。所看到的現象就屬於短暫性和概略性的。而社會學家的研究，多半採「參與的觀察」或「觀察的參與」的角色進入場域。

參與觀察法強調觀察者與被觀察者在自然情境中與被研究的團體建立緊密的觀察或成為其中的成員。此種研究最早由人類學者Malinoswki在Trobriand島研究原土著人民的文化，珍古德也用在西非坦尚尼亞的黑猩猩的動物研究。藉著參與觀察，研究者可採取被觀察者在自然情境的觀點，研究者的角色是「在環境允許下，以自覺且有系統地分享生活點滴，且有時是以團體成員的利益為出發點考量」，故參與並非唯一目的而是最低要件之一。

此種方法應用到兒童行為觀察時，可將注意力放在幼兒團體行為，比較幼兒間在團體中的行為表現，更可將團體視為單位作觀察；也可運用到個人觀察，先選擇適合個別觀察的行為，如例行活動、室內外遊戲、特殊行為等，以減少行為的複雜要素。其優點為研究者的參與不會影響被觀察者的生活模式，尤其研究者的參與可以目睹真實現象及觀察到連續性的脈絡情境。缺點乃是研究者要打入團體有其困難性，尤其涉及敏感事項時，有時難獲得真實反應。

　　參與觀察研究者身為局內人進行觀察，而非參與觀察研究者視為局外人，可利用單面鏡（one-way mirror）或攝（錄）影設備來加入觀察，研究者不在情境中參與活動。

## 二、觀察記錄類型

　　此外，觀察記錄又可分為結構性（利用檢核表或量表）及無結構性（利用符號或文字來記錄行為的脈絡情境）；在情境中又可分為自然情境的田野觀察及人為控制情境的實驗室觀察（**圖2-1**）。茲以結構性與無結構性的觀察分述如下：

|  | 自然情境 | 實驗情境 |
|---|---|---|
| 無結構性 | 無結構性<br>自然觀察 | 無結構性<br>實驗室觀察 |
| 結構性 | 結構性<br>自然觀察 | 結構性<br>實驗室觀察 |

**圖2-1　觀察研究之類型：情境×結構**

## (一)結構性觀察研究

係指根據事前所確定的研究目的，在一定的觀察程序下，使用結構性的觀察工具，從事觀察有關研究目的的現象或行為的一種研究。其主要特色是：

1.詳細界定所要觀察的現象或行為。

2.計畫觀察的時間和進行程序。

3.使用結構性的觀察工具蒐集資料。

結構性觀察主要涉及如何設計觀察工具、定義觀察行為，以及應用隨機抽樣方法，通常適用於量化研究方法。

## (二)無結構性觀察研究

係指在比較沒有明確的研究目的、觀察研究與事先設計好的觀察工具之下，所進行的一種較富有彈性的觀察研究。無結構性觀察適用於自然實地觀察。

1.優點：可以對現象的產生提供較直接而完整的敘述或解釋。

2.缺點：遭遇到一些嚴重的方法問題，如行為的抽樣、信度、效度、統計分析及觀察者的偏差，這些問題可能導致獲得的結論不夠正確。是故，此法不適用考驗假設，但可作為提出可考驗的假設之良好來源者，也是此法常被用於探索性目的之質化研究的主要原因。

第三節　觀察研究的步驟

　　研究方法最重要是依研究者的動機、目的及研究者所聚焦的研究問題，再確定所要用的研究設計。

## 一、無結構的觀察

### (一)參與觀察的考量條件

　　參與觀察法最常使用在自然情境，尤其使用無結構方式來蒐集觀察資料，此種方法在研究工具之信、效度，研究者的觀察偏誤及研究結果的推論，有其先天的限制，所以，在使用此種類型觀察時，應考量下列的條件：

　　1.是否有充裕或較長的時間來從事觀察。

　　2.想對一特定現象或被觀察者作一全面性和綜合性的瞭解。

　　3.想對所研究現象中的主要變項之間的互動關係或動態過程深　　入地瞭解。

　　4.想在自然的情境中（不經人工的控制或改變）來研究。

### (二)參與觀察的步驟

　　參與觀察常使用在無結構的自然情境，其步驟為：界定問題→研究情境→資料蒐集與記錄→資料分析（可能再回到界定問題）→報告撰寫（圖2-2）。

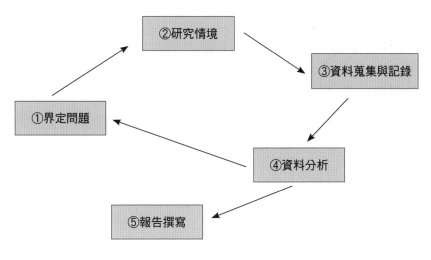

圖2-2　參與觀察的步驟

◆ 界定問題

　　在選定問題的同時，幾乎也包括所要研究或觀察的對象。因為
問題的選擇要考慮是否能在某一特定的情境或在社群裡進行自然的
觀察。

◆ 研究情境

　　參與研究很重視觀察情境的瞭解與進入觀察，其中尤其要注意
與被觀察者保持良好的人際關係，分享思想與情感，以便能真實地
獲得有關的研究資料。

◆ 資料蒐集與記錄

　　1.研究者可蒐集資料，大抵包括所觀察的行為模式以及文字性
　　　資料。前者如行為發生的時間、出現頻率；後者如學校文件
　　　等。

2.蒐集時也可用札記的方式來登錄觀察的資料，其他也可用晤談的方式以開放性的問題來獲得所需的研究資料。

◆ 資料分析

1.資料蒐集之後，最好能在短期內即加以分析，以免事過境遷，而無法正確地詮釋或理解。

2.注意在資料分析上有無前後不一致的觀點，或別人可能會產生不同理解的詮釋。尤其是要真正能瞭解被觀察者行為的意義。

3.何者為主要事件？何者為次要？

4.必須將各事件加以系統地組織，從中顯現行為的意義。

◆ 報告撰寫

根據獲得資料的分析與整理之後，研究者自然就將有系統的資料，予以歸納和描述研究的結果。報告的提出亦應避免傷害到當事人，最好能對其有利。

## 二、結構的參察

結構的參察是所有觀察研究中最嚴格的方式，大都要經過縝密的研究設計，且有相當程度的控制。觀察者通常要先界定觀察標的行為，同時也要清楚哪些是可能發生的事件及記錄類型，以求所觀察結果可以用來驗證假設，而且通常應用於科學派典的量化研究設計。Neuman（2000）指出，科學研究過程的七大步驟為：選擇主題→聚焦於研究問題→研究設計→蒐集資料→分析資料→解釋資料→公開報告（圖2-3）。分述如下：

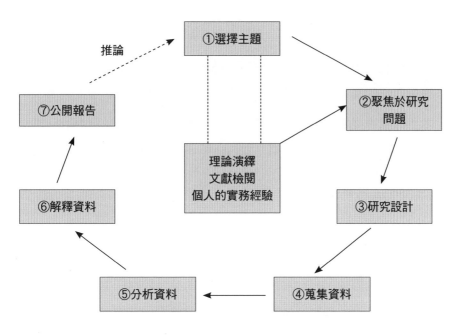

圖2-3　研究過程的步驟

## (一)選擇主題

　　研究過程開始於研究者選定一個可研究主題（主要從理論演繹、文獻檢閱或個人的實務經驗），然後將主題縮小及找出研究焦點而形成一特定的研究問題（research question），以便進行研究。通常初學研究者可以利用資料搜索關鍵字（key word）找到變項，並確定這些變項的概念型定義（Conceptual Definition, CD）及操作型定義（Operational Definition, OD）。研究者不僅要知道研究動機與目的，還要從研究場域中找到明確的研究問題來進行研究。

## (二)聚焦於研究問題

研究問題選定之後，研究者要閱讀文獻或從理論中演繹找出變項之間的關聯性，再建構變項之間的數理邏輯關係的假設。換言之，研究者必須將變項加以概念化，並轉換可以運作的操作化，最後再從實際觀察中檢驗變項之間的關係，以驗證假設。

## (三)研究設計

研究設計如同建築師建房子的藍圖，企圖用來解決你的問題，也就是說，研究者試圖用以找出問題答案之可靠方法。研究設計是構造一個客觀的、易於解釋證據的關鍵。兒童觀察研究要考量控制的情境、掌握的觀察行為類型或層次、記錄方式及客觀的信度與效度。

## (四)蒐集資料

資料的蒐集根源於研究設計是如何來蒐集資料。結構性觀察研究主要牽涉如何設計觀察工具、蒐集所要觀察的現象或行為，以及如何實施行為的抽樣工作，茲敘述如下：

### ◆評定量表

在從事觀察研究時，研究者常應用各種觀察技術，以記錄所觀察的現象或行為，其中較為簡易方便的是評定量表。設計評定量表首先要運用操作性定義將現象或行為界定清楚，然後依據所界定的行為單位分為類別而編製成評定量表。常用的有：(1)分類評定量表；(2)數字評定量表；(3)圖示評定量表。

評定量表編製容易、使用簡便，同時適用於各種行為特質的範圍很廣，然而仍缺乏正確性，因為有不少的評量誤差存在，如月暈效應（Halo effects），即受到先前印象所影響，傾向兩極端或中庸的評定。

◆ **檢核記錄表**

觀察者依據記錄表中所敘述的行為或現象，將其所觀察的行為或現象的情形逐項劃記即可，其優點為：(1)記錄迅速便捷，可以及時將所發生的行為或現象記錄下來；(2)提供客觀的資料，因為在觀察期間，觀察者不需要做很多的判斷。

◆ **他人設計的標準觀察表格**

其優點為：(1)具有較佳的信度和效度；(2)節省自行設計表格的時間；(3)研究結果可以和其他有關的研究做比較。而缺點為無法包括所有研究者有興趣觀察的變項。

◆ **行為分類與觀察行為的方法**

1. 採用整體的方法：係指以較大的完整性行為作為觀察的單位，其優點為能夠使觀察者在廣泛的定義之下，觀察到所要觀察的全部行為，故可增加研究的效度。而缺點是由於廣泛的定義易使意義不夠明確，而導致不同的解釋或看法，降低研究信度。

2. 分子的方法：係指以較小的部分行為作為觀察單位（以使用很小的行為且易觀察的具體行為界定，而列舉出很多明確的行為，作為觀察的依據）。其優點為能夠使觀察者在不受個人經驗與解釋的影響之下，記錄所看到的明確行為，故可提

高研究的信度。而缺點是在分類多而細的情況下，仍然還有其他行為類別未被列入，而導致失去了一些和研究變項有關的重要行為，故可能降低研究的效度。

3.其他分類，例如：

(1)廣布性方式：使用範圍廣大的方法，對行為作一般性的敘述。

(2)密集性方式：使用範圍集中的方法，對行為作詳細明確的敘述。

◆行為抽樣

觀察測量工具設計完成，在使用之前，觀察者必須決定觀察的時間和進行的方法，換句話說，觀察者必須事先設計一個行為抽樣的計畫。欲達到抽樣的代表性與客觀性，在觀察研究中，通常抽樣方式可分為兩種：

1.事件抽樣的方法（以行為發生為根據）：選擇某項完整行為的發生再加以觀察的一種方法。其優點為：(1)觀察到的行為只有連續性；(2)觀察到的行為具有自然的真實性；(3)不是經常發生的行為適合此種抽樣方式的觀察。而缺點為由於廣泛的定義易使意義不夠明確，而導致不同的解釋或看法，降低研究信度。

2.時間抽樣的方法（以時間單位為依據）：在不同的時間內觀察記錄所要觀察的行為，可採用系統或隨機的方式進行。故時間抽樣的選擇可以分為系統的方式及隨機的方式。其優點為可以獲得具有代表性的行為樣本，惟只有在所要觀察的是

屬於常常發生的行為時，始能達到此目的。而缺點為缺乏行為的連續性和自然性，尤其是在使用較小單位的時間和行為時最明顯。

## (五)分析資料

研究者將欲研究的問題及演繹假設來設計研究工具，採取最有效的資料蒐集策略來獲得資料（date）。量化研究分析要利用分類整理或統計分析來製作圖表，以便資料敘述或比較之間的變異或變項間的關聯來驗證假設。

## (六)解釋資料

解釋資料除了提供統計分析之意義外，還要解釋研究的發現。研究發現具有數理邏輯的意義以驗證理論的假定並要與過去研究作一呼應，與文獻對話，以作為實務及未來研究的建議。

## (七)公開發表並報告研究結果

研究結果的最後一個步驟是將研究結果寫成研究報告，並依一定的格式，投稿於有審稿的期刊，或在研討會發表，接受相同的社會科學學群成員的諮詢或討論。

綜合本節所討論觀察研究的步驟，可再細分下列十個步驟：

1.研究者的身分考量：參與觀察法強調參與被研究者的活動，通常伴隨著學習語言、嗜好、工作型態、休閒活動和他們的其他生活面。此外，研究者可以在完全參與者和完全觀察者之間作出選擇。

2. 研究主題的篩選：要在私人情感和社會科學的嚴謹之間加以權衡。

3. 研究場地的選擇與接近管道的取得：選擇研究場域是以研究主題作為基礎，也可以研究焦點的概念為基礎。另外，對於不熟悉的對象，要具有地理親近性；至於熟悉的對象，則要在地理上拉開距離。「取得同意」是持續存在的問題，也是研究進行的關鍵，所以並非一開始能夠進入場域就能順利進行研究。

4. 建立和成員的關係：這也許是田野工作中最重要的部分；優良的田野工作，主要決定於發現社會關係的意義。不僅是找出在地人之間的關係，也涉及了人類學家和研究對象之間的關係。

5. 挖掘多元且可信賴的資料：交遊廣闊的報導人或線民可以幫助研究者蒐集到較多元的資訊，但需要預防彼此的友善或交惡將扭曲了研究本身的觀察。

6. 田野研究的撤離：這將取決於當研究開始之際，觀察者與被觀察者所達成的協議，以及在研究過程中所發展出來的社會關係型態。

7. 觀察的記錄，應該謹守：

   (1)這是第一手的報告嗎？

   (2)觀察者的空間位置為何？

   (3)研究對象有任何理由給予錯誤或偏差的資訊嗎？

   (4)報告具有內部一致性嗎？

   (5)可以被其他獨立報告所確認嗎？

8.資料的分析：

　(1)什麼是它的行為類型？

　(2)什麼是它的結構？

　(3)它發生的頻率次數？

　(4)什麼是它的原因？

　(5)什麼是它的過程？

　(6)什麼是它的結果？

　(7)我們的策略是什麼？

9.理論的建構：

　(1)對一個對錯命題做檢查。

　(2)尋找反例、正例。

　(3)產生概略模型。

10.研究倫理的考量。

## 第四節　兒童行為觀察的限制

　　兒童行為觀察要涉及自然情境中的事件，但觀察時機是否可觀察到真實現象或行為發生；觀察人員的時間、生心理及參與是否會影響兒童真實行為的產生；此外，觀察資料的解讀是否具有信度也是問題所在。所以說來，任何一種觀察研究也有其限制。

### 一、自然觀察

　　自然觀察法常適用參與觀察，尤其應用在田野研究，其限制

31

在：

1. 研究的信度偏低：強調移情地理解所觀察的對象（即參與的觀察），無法檢驗其信度，加以時、地、人物的變動或流失無法進行複製研究（或觀察）。

2. 觀察的偏差不易明顯被察覺：觀察者受價值觀念的影響，不免有先入為主的主見。

3. 觀察的資料瑣碎而不易系統化：量化不易，更談不上系統推論，雖可利用如晤談表來彌補缺憾，惟資料取捨和整理仍會受主觀的條件限制而無法系統化。

4. 普遍化的可能性不高：非隨機抽樣的小樣本研究，其結果很難類推到其他現象。

5. 觀察項目歸類推論性太多：

    (1)觀察者經常無標準化工具（如問卷）便獨斷地將資料歸類。

    (2)許多現象的觀察本身就需要推論，如「難易」、「適中」。

6. 研究時間的限制：研究時間不夠長，可能無法觀察到重要的現象或行為特性。

7. 觀察情境的限制：宜避免被觀察者的反作用效果，如觀察者不可能完全成為參考者（如變成學生的角色）。

## 二、實驗室觀察

實驗室觀察常使用結構觀察方法，也是所有觀察研究中最緊密

及嚴格的設計，而且還有相當程度的控制。此種方法也最常使用非參與觀察方法。非參與觀察研究係指觀察者純然扮演觀察的角色，觀察者之出現可能干擾到情境，使被觀察者所表現出來的行為有異於正常情況下的表現。

## (一)實驗室觀察之補救措施

補救措施如下：

1.應用單面透視玻璃的設備以及錄音機、錄影機的輔助進行觀察。
2.盡可能以兒童為觀察對象。
3.觀察開始之初，暫時不記錄資料，直到被觀察者的行為恢復到自然的情況。
4.僅介紹觀察者給受試者認識，但不告知他就是觀察者。
5.必要時，可向被觀察者說明觀察的理由，如此做有助於減少被觀察者的防衛作用的焦慮。

## (二)實驗室觀察之限制

然而實驗室觀察也有其限制，例如：

1.觀察內容的選擇不夠準確，多位觀察者選擇觀察內容不同。
2.機遇反應趨勢：不同觀察者觀察類別定義不同。
3.環境變遷：發生不同時間的現象觀察。
4.人的變遷：同一個人在不同時期被觀察，亦可能有不同的行為表現。

幼兒行為觀察與記錄

## 第五節　兒童行為觀察的重要考量

　　觀察方法要成為科學研究方法並與一般隨性觀察有所不同，應符合下列特性：

　　1.先具有一研究的目的或假設，然後在此一目標下去觀察。

　　2.有系統的設計。

　　3.有系統的記錄。

　　4.避免主觀和偏見。

　　5.可以重複查證。

　　為了要使觀察方法更具有科學之系統及客觀性，觀察研究方法更要注意觀察者的訓練，明確觀察變項的性質，避免觀察偏誤，確定觀察的信度與效度。

### 一、觀察者的訓練

　　1.幫助觀察者瞭解研究的目的，以及研究所涉及的獨特問題。

　　2.共同觀察討論測量工具，使觀察者瞭解工具中所包含的各項行為的正確定義及記錄的方式。

　　3.實際從事觀察的預習，使觀察者在實際練習中發現問題。

　　4.根據觀察的預習結果，共同修正或改進觀察測量工具，使之更為完善。

## 二、觀察變項的性質

觀察變項依觀察者的推論程度可分為:

1.敘述變項:是指明確、具體可觀察的實際行為或事實（facts），這些變項不需要觀察者很多的推論或判斷,例如分子的方法分類。

2.推論變項:有些觀察的變項在記錄之前,需要觀察者從實際的行為加以推論,例如採用整體的方法分類的行為。

## 三、觀察的偏差

應減少下列偏差或誤差,以提高研究結果的客觀性:

1.觀察者對被觀察者的影響。

2.觀察者的偏差。

3.評量誤差:

　(1)寬容的誤差:評分者對於變項的操作定義過於鬆散。

　(2)嚴格的誤差:評分者對於變項的操作定義過於嚴格。

　(3)集中的誤差:評分者對於觀察行為受到眾數（大多數行為）之影響,而忽略其變異行為。

　(4)月暈效應:評分者對觀察的行為由於個人第一印象的主觀經驗造成。

4.混淆:觀察者知道被觀察者在研究諸變項中某一變項的表現,而影響其所要觀察變項的結果,例如霍桑效應。

## 四、觀察的信度與效度

### (一)觀察的信度

下列兩種方法可以瞭解觀察研究的信度：

1. 使用不同觀察者在相同情境中同時觀察，然後探求其所觀察到的結果是否符合一致（評分者間信度）。

2. 使用同一個觀察者在不同時間觀察，並比較其結果的符合程度（評分者內信度）。

### (二)觀察的效度

不同觀察者如何提高其觀察的一致性，可採用下列方法：

1. 充分訓練。

2. 採用廣布方式分類行為。

3. 使用清楚而沒有重疊的類別。

4. 在觀察時分類所觀察到的行為。

5. 需要觀察員的推論程度必須設法減低。

6. 使用數量較少的類別。

7. 觀察員需在同一時間觀察行為。

# Chapter 3

# 幼兒行為觀察之抽樣策略

第一節　母群與樣本

第二節　抽樣方法

第三節　兒童行為觀察的基本準則

抽樣（sampling）是建立於一種統計理論，尤其是處理不確定性，所用的方法即是用機率（probability），機率是對不確定性推測問題的答覆，以增加其推測結果的可靠性，以減少推測的不確定程度。在社會科學研究上，研究者常因人力、物力、時間及其他因素之限制，無法對研究母體（population）來仔細分析研究，僅能從母群體中選取（selection）出一部分樣本（sample）來加以分析變項之數值（又稱為統計數），再以機率之方法推論母群體之數值（稱為母數），此種方法即是抽樣。抽樣是一項很重要的技術，更是量化研究必備，尤其在推論及講求概化（generalizability）之要求上，應用到兒童行為觀察的時間抽樣（time sampling）的方法，力求所觀察的行為能更具代表性。

抽樣是利用系統方法，選擇一群受試者以供研究所用的一個過程，然後，研究者再利用得到的一組個案或一群樣本來進行研究工作，如果系統做得好，即使是一小群的樣本，也可以做到符合母群體性質，當然，理想上的隨機抽樣是不存在，然而，與對所有個案群進行研究工作相比，抽樣的研究是較省時與省力的。

## 第一節　母群與樣本

母群體（population universe），係指研究者界定研究對象的集合體，換句話說，群體是一組具有某種共同特性的事物或個體，也就是研究者所要研究的特定個案群，又稱為標的母群（target population）。研究者即從一個龐大的個案群，或個案構成要素

（elements）抽取適合研究（符合研究之特定）的群體，是為樣本。抽樣要素（sampling element）是分析的單位或母群中的個案，它可以是任何一個將被測量的個人、團體、組織、書面文件或符號訊息，甚至是社會行動（例如災難事件、國會暴動等）（朱柔若譯，2000）。

## 一、母群體

母群只是一個抽象概念，除非是量小或固定時間下具有某種共同特性的事物或個體，所以研究者需要一個明確的操作型定義來發展此抽樣概念，甚至發展近似母群中構成要素的特定名單，又稱為抽樣架構（sampling frame），而符合此抽樣架構的所有名單，稱之為母群體。研究者可以選擇符合其研究特性的抽樣架構，例如，電話簿、某一年大學入學學生、領有台灣護照的外籍配偶等。一般而言，母群體之大小隨固定特性而定。母群的任何特性（如犯罪紀錄、平均身高、結婚人口等），稱為母數或參數（parameter）。當母群的特性被定義，其參數就被決定了，而且可經過測量而來，或由樣本之特性，稱為統計數（statistics）推估而來。

母群體之大小是隨研究者之需要而定，而母群體之特性又可分為有限群體（finite population）及無限群體（infinite population），前者指母群體有一定的數，而後者所包含的是無窮大或根本無法定義出來的數。

運用到兒童行為觀察，其母群體即是標的樣本群及標的行為的總數即是母數。當研究目的及母群特性被定義，母數即決定了，然

後針對研究目的，從抽樣架構抽取的樣本或行為即為統計數。

## 二、樣本

　　一般從事研究時，研究者僅能從母群體抽樣一部分群體，是為樣本來加以觀察或深入研究。例如，從某一大學新生中，抽取三百人來加以調查，所得之結果來說明大學新生之升學期望。樣本是從母群體中所選取的個體或要素的小集合體，研究者利用此部分資料深入研究，以作為推論全部群體之事實論斷的依據。應用從母群體抽取出符合抽樣單位的一群樣本的方法，是謂抽樣。大部分的調查研究皆是靠此種抽樣過程來選取樣本，除非是將所有定義的群體一併調查，即為普查（census）。

## (一)抽樣之優點

　　抽樣是研究中很重要的歷程，其具有下列優點：

1.節省人力與物力：抽樣是從大的群體抽取少數群體的方法，其最大的優點即是節省人力、物力與財力。

2.縮短資料蒐集與分析的時間：資料蒐集常會耗時，有效利用抽樣方法，選取適當（可代表性）之樣本可節省時間。

3.對少數特定樣本作深入研究：抽樣研究節省了人力、物力與財力，即可使研究者能節省時間及集合時間與精力來對所選取之樣本作詳細的分析與研究。

4.避免損壞研究之個體：有些研究之研究單位是物品（例如水果），研究者從事品質管制或檢驗，如果能確實採取隨機抽

樣，即使是少數之樣本也可以作為合乎全部群體之推論。

## (二)抽樣之步驟

抽樣是一個動態之系統過程，其目的在於從確定之母群體找尋符合研究定義特徵之群體，具有母群體性質之代表性群體（representative group），其步驟如下：

1. 清楚界定研究的母群體。
2. 取得一份完整且正確抽樣單位之母群體名單。
3. 根據抽樣架構，採用適當的抽樣技術（可分為隨機抽樣與非隨機抽樣），抽取有代表性樣本或適合的研究樣本。
4. 選擇適合之樣本數（一般而言，樣本之估計標準誤差等於樣本誤差除以 $\sqrt{N}$，也就是 $S_{\bar{x}} = \frac{S}{\sqrt{N}}$ 或 $\delta_{\bar{x}} = \frac{\delta}{\sqrt{N}}$），降低抽樣誤差。

## 第二節　抽樣方法

研究者有了確定研究目的、問題，針對母群體有了明確之操作定義，發展抽樣架構，避免抽樣架構與定義概念之不和諧，造成低效度之測量（即產生抽樣偏誤），之後，接下來就是進行抽樣程序。

抽樣方法，簡單可分為隨機抽樣（又稱機率抽樣）及非隨機抽樣（又稱非機率抽樣）。此兩者之最大區分是選取樣本是否符合機率理論之隨機原則以決定樣本是否具母群代表性。所謂隨機抽樣，

即在母群體中隨機抽取若干個體樣本，在抽取過程中，不含研究者或抽樣者之人為影響，以機率理論，使得被抽取之每一個體是機會相等，而且獨立的。一般而言，量化研究較偏好使用機率抽樣，如此一來，可使用較有力（powerful）的推論統計方法來獲得更精細解釋的事實特徵。非隨機抽樣是大多質化研究採取選擇樣本的方法，由於不是機率理論所獲得之樣本，其研究結果會有更多的限制，基本上，研究可能因研究者之無知、時間不足，或是研究性情境受限等因素，而使研究者較偏好選擇非隨機抽樣方式。

觀察是瞭解幼兒行為的關鍵，藉著觀察，我們可以瞭解孩子的興趣，包括喜歡參與的遊戲種類、所偏好的玩具及遊戲設備、喜歡在什麼地點玩，以及所玩的戲劇遊戲的主題有哪些。我們也能由其中發現孩子在遊戲行為發展的層次，以及幼兒在不同的遊戲行為中何者表現較好，何者表現較差。

以遊戲行為為例，遊戲是一非常複雜的現象與行為，尤其當一群兒童一起在玩遊戲時。為了從孩子之遊戲行為，瞭解其個別行為之意涵，觀察必須採用科學之系統方法──觀察者必須瞭解所要觀察的行為是什麼，要有觀察記錄來蒐集行為訊息。觀察必須是客觀的，可以反映孩子真正的遊戲行為。

兒童行為觀察可應用於量化研究或質化研究策略，前者常用的抽樣策略是採時間抽樣，也就是以時間為抽樣單位，在特定時間上兒童的行為表徵及層次；後者常用的抽樣策略是事件抽樣，也就是當行為事件發生時，再詳盡描述其脈絡及行為歷程的方法。

首先介紹量化的時間抽樣策略，為求行為的推論及概化，其抽樣策略常用隨機抽樣。

「一樣米養百樣人」、「同樣一個人也有多樣行為」，社會科學的研究對象是人，基本上，人在屬性上就有很大差異，包括人口統計學上的特性，如態度、行為、意向、性別、年齡等，就因為人種的特性有很大的異質性，所以就需要機率抽樣來擇取一些樣本，而且此樣本群應具有母群體的各種差異特質。如果母群體的特性，每個樣本皆很相似，此母群體便稱為同質性的群體，那麼一個（少些）個案即可成為研究整個母群體的特性。

## 一、隨機抽樣

雖然無意間造成抽樣誤差之可能性是難以避免的，但可幸的是，有時這些誤差並不明顯，不過，研究者要避免抽樣誤差，尤其是使用機率抽樣。隨機（機率）抽樣之基本原則是自母群體中抽取樣本，而且此樣本要具母群體特質之特性，且母群體中各元素被抽樣之機率應為相同的，此方法稱為「平等機率抽樣方法」（equal probability of selection method, EPSEM）。隨機抽樣之方法有：簡單隨機抽樣（simple random sampling）、系統（又稱等距）抽樣（system sampling）、亂數表抽樣（random number sampling）、分層抽樣（stratified sampling）及叢集抽樣（cluster sampling），分述如下：

### (一)簡單隨機抽樣

簡單隨機抽樣，是社會科學研究中最簡單且最容易瞭解，也是我們在一般方法中常講的抽籤方法。也就是說，研究者發展一個正確的抽樣架構，根據數學上的隨機過程從抽樣架構中選取之要素來

作為樣本。

例如，研究者想要觀察某位幼兒在團體中的不專心行為，可將觀察時段視為觀察抽樣單位（例如每2.5分鐘為一單位，每次觀察30秒），以一個月為觀察範圍，每天上午和下午的自由活動各觀察一小時，所以2小時×5天×4週即為抽樣母群，此外，每小時有20次觀察時段，所以共有20×2×5×4＝800次的觀察時段，最後決定者決定比例，如20%，共有觀察160次行為，再從800次行為抽樣抽取160次。

簡單隨機抽樣雖然簡單易行，但卻是在所有可行方法中最精確的。簡單隨機抽樣應用到統計學中的「中央極限定理」（central limit theorem）、信賴區間（confidence intervals）及抽樣誤差（sampling error）之概念來預測母群之母數的特定範圍。

## (二)系統抽樣

系統抽樣乃是系統化選擇完整名單中的第幾n個元素之組成樣本。

例如：研究者想要從10,000個名單抽取100個樣本，所以選擇每第一百個元素作為樣本。抽樣間距=10,000/100，抽樣比率（sample ratio）為1/100。

在實際的應用中，此種方法比簡單隨機抽樣來得可行，因為隨機抽樣一定會有精確的名單，視為抽樣架構，簡單隨機抽樣要抽100次才能得100個樣本，而系統抽樣只要抽取一次，即可得到100位樣本，所以，此種方式會較方便及精確。但是抽樣名單不是隨機化，就可能抽取到偏誤的樣本。但應用到兒童行為觀察上述一個月

的自由活動的行為，在800次行為中，如果以5次為一個間距，那一次即可將行為全抽完，接著再按時間進行行為觀察。

## (三)亂數表抽樣

亂數表抽樣亦是一種簡單隨機抽樣方式，只是此種方法採用亂數表（通常可用電腦找出）來選擇要抽樣的元素。例如，在一個由800中以簡易隨機抽樣方式取160個樣本。抽樣步驟如下：

1. 一開始，先將所有行為編上一個編號。

2. 決定你在亂數表需要幾位數字，本例中需要三位數。

3. 從亂數表有十個直欄的五位數字號碼，共10×190個號碼之數字。接下來，研究者要決定如何產生三位數之號碼，如第一位數字10819，你要選108，081，819，最重要是建立個人選取之原則。因為只有800個行為數，所以819就刪去。

4. 接著，選擇在表格中進行數字選取的方法，如果遇到相同之數字，則繼續選取，如果超過你的抽樣人數，就跳過去，直接選擇你所要的樣本數。

## (四)分層抽樣

分層抽樣是修正簡單隨機抽樣及系統抽樣方法，取得更具代表性資料的方法。例如，某一研究者想對某大學生進行抽樣，研究者必須先將所有的學生依年級加以分類，並計算其母群之比率，然後再分別由一年級、二年級、三年級及四年級的抽樣架構選取適當數目的樣本。在抽樣過程中，有兩個因素可以降低抽樣誤差，一是使用大樣本，另一是使用同質性樣本。分層抽樣就是從同質性樣本抽

取適當數目的樣本，而不是單純由母群體中抽取樣本。分層之最終功能是將母群體分成幾個同質的次集合，然後再從次集合中抽取適當數目的樣本。

上述的樣本數（800次行為）如果當中有成人在場及沒有成人在場之比例是3:1，那就分為成人是否在場為分層，成人在場的時段中抽取120次行為，而沒有成人在場的行為則抽取40次。

## (五)叢集抽樣

由於兒童行為觀察大都是以觀察個人之行為為主，應用在叢集抽樣，可以運用在遊戲場設計或學習角落，在特定時間段落之團體的行為或互動。

## 二、非隨機抽樣

社會科學研究之執行有時是無法使用機率樣本，因為缺乏一份完整之群體名單，或者可能是無限樣本，根本不可能選一份名冊。在此種情形下，非隨機抽樣就變成可行。以下將介紹：隨意抽樣（haphazard sampling）、立意抽樣（purposive sampling）、配額抽樣（quota sampling）及雪球抽樣（snowball sampling）。

## (一)隨意抽樣

隨意抽樣，又稱臨時或方便抽樣，究其意，就是隨便找一行為來進行研究，此種選樣很容易找到無效、不具代表性之樣本。有時候，採用偏差之樣本比沒有樣本更糟糕，此種研究有結果比沒有研究來得糟。如同應用在民意調查，媒體的隨意訪問或利用報紙的回

饋意見，此種依賴方便的研究對象可能具有娛樂之意見價值，但不可能用此樣本作有效的推論，有可能得到扭曲的觀點或不小心將結果過度概化。

## (二)立意抽樣

立意抽樣是依據研究者的判斷，以及研究目的而決定的，有時它是使用專家的判斷來選擇個案，此種抽樣又稱為判斷抽樣，這種方法常用於探索性研究或田野研究。有時候，研究者想針對特殊事件（例如有遭受家庭暴力之受試者在團體的互動行為）提供獨特之資料訊息時，研究者會採取此種抽樣方式找出特殊類型個案，以便進行深入探究的研究工作。

## (三)配額抽樣

配額抽樣是研究者先決定研究變項之特性（如男性vs.女性，或是戶外遊戲vs.室內遊戲），然後決定每一種類別要抽取多少次數，在配額抽樣中，研究者常將研究類別加以排列組合，以建立成為抽樣矩陣。例如某一研究所想對學校遊樂設施的遊玩行為之調查，研究者在遊樂設施選擇鞦韆、滑梯、地球儀、攀爬架分別選取30，30，20，20次行為，共100次行為觀察（**表3-1**）。

**表3-1　某幼兒園戶外遊戲場設施抽樣次數分布表**

| 遊戲設施 | 鞦韆 | 滑梯 | 地球儀 | 攀爬架 | 總數 |
|---|---|---|---|---|---|
| N | 30 | 30 | 20 | 20 | 100 |
| % | 30% | 30% | 20% | 20% | 100% |

矩陣一旦建立起來，矩陣中每一細格（cell）都指定了次數及相對比例，此時研究者只要依據細格特性找到具有此種特質的樣本即可。配額抽樣必須要先確定配額之架構，愈有精確之資訊或偏誤愈小，會使得研究結果之推論愈正確。此種配額比例宜貼近兒童在戶外玩遊戲設施的比例。

## (四)雪球抽樣

雪球抽樣常被用於質化研究或特殊情境之調查研究，基於研究之受試者難以找到，例如兒童被霸凌的樣本，研究人員依抽樣程序先找尋目標母群體之少數成員，同時再向這些成員徵詢資訊，找出他們認識之標的母群體。

綜合上述兒童行為觀察在事件抽樣之策略，最重要是要找到特定事件，深入探究其事件所發生的脈絡及歷程的分析。此種策略最常應用到質性研究的非隨機抽樣策略。

## 三、抽樣策略

質性研究最重要是蒐集軟性之質性資料，採取歸納分析，研究者透過自然探究、深觸個人經驗、對社會真相之實際脈絡來作整體之動態分析。其適用領域常是未界定概念與變項之議題，研究目的在於發現抽樣事實本質，其分析單位多以小樣本為主。

常用之抽樣策略有：

1.極端或異常個案抽樣（extreme or deviant case sampling）：尤

其應用在個案研究。

2.深度抽樣（intensive sampling）：主要在找到具有資訊豐富的個案。

3.最大變異抽樣（maximum variation sampling）：由異質樣本群中來看同質性，尤其應用在個案研究。

4.同質樣本抽樣（homogenous sampling）：先找到同質性樣本再由立意抽樣來選取樣本。

5.分層立意抽樣（stratified purposeful sampling）：是一種多重抽樣方式，個案先從不同特性分若干群（如性別），以掌握各群體之變異性，然後再利用立意抽樣選取樣本。

6.滾雪球或鍊式抽樣（snowball or chain sampling）：由一個人負責找若干人，直到找到足夠樣本為止，如圖3-1所示。例如，研究者找到二位樣本，再由樣本介紹二位樣本，一直找下線，直到找到足夠樣本，圖3-1一共找到十四位研究樣本。

7.效標抽樣（criterion sampling）：研究者先界定研究之抽樣標

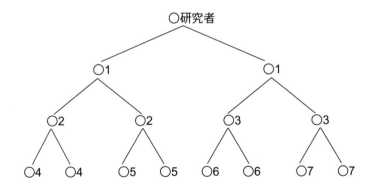

**圖3-1　滾雪球抽樣示意圖例**

準，再依標準選取符合之樣本。

8.立意隨機抽樣（purposeful random sampling）：研究者先立意找到符合研究之一群樣本，再利用隨機方法找尋若干樣本。

9.便利抽樣（convenient sampling）：研究者隨意選擇很方便的個案，又稱為隨意抽樣（haphazard sampling）。

10.驗證或否證個案抽樣（confirming or disconfirming case sampling）：針對研究之主題界定，找到符合主題特性之樣本為驗證性樣本，而找到與研究主題最不符合之樣本為否證性樣本。

## 第三節　兒童行為觀察的基本準則

用什麼方法來觀察兒童遊戲，可以參考下列五個基本準則來幫助我們可以更精確觀察兒童遊戲行為。

1.事先決定你要瞭解何種行為，並選擇一適當方法來配合你的目的。

2.儘量嘗試在兒童之不同情境中進行觀察，要允許孩子可以呈現各種不同的遊戲能力。確信玩物要足夠，才可以導引孩子之遊戲行為，例如：動作遊戲（攀爬架、球、有輪子的玩具）、建構遊戲（積木、拼圖、堆疊套組玩具、樂高、雪花片）及戲劇遊戲（娃娃、扮演道具、衣服、與主題有關之道具箱）。除此之外，也需要有足夠時間讓孩子發展更高層次的遊戲行為。有時候孩子沒有遊戲行為，不是因為他們沒有

遊戲技巧，而是他們沒有玩物與時間之資源。

3.如果可能，儘量在室內及戶外觀察兒童之行為，以參考其中
的可能差異。研究指出，有些兒童在戶外比在室內有更多的
社會及認知遊戲（Henniger, 1985）。

4.直到孩子有機會認識同伴及熟悉學校環境之後，才進行觀
察。兒童與熟識的同儕在一起會有較多的社會與認知遊戲
（Doyle, Connolly, & Rivest, 1980）。如果在開學時就觀察孩
子的遊戲，其結果會低估孩子真實的遊戲能力。同樣地，如
果孩子是轉學生，也有同樣的情形。

5.要常常觀察兒童的遊戲行為，來確信行為是否為典型行為或
有其代表性。不能以單一觀察的行為來作為孩子的行為判
斷。兒童有時也會與他不熟悉的同儕一起玩或玩他不感興趣
的玩物。生病、家中的問題或其他暫時的狀況（如鬧脾氣）
皆可能會影響孩子的行為。儘量將觀察的時日間隔拉大，或
用系統（隨機）抽樣方式，儘量將抽樣觀察隨機化，以減少
暫時性或誤差性的行為結果（biased results）。一星期有二至
三次的觀察間距是最起碼的，所以利用多天、多次的觀察來
降低抽樣的誤差是需要的。

# Chapter 4

# 日記法

幼兒行為觀察與記錄

日記法（diary method）是早期用來記錄兒童的方法，早在有文字以來，媽媽即以此法記載孩子的成長記錄，但在1774年瑞士的斐斯塔洛齊（Johann Pestalozzi）以寶寶傳記法（baby autobiography）呈現。斐斯塔洛齊在其「一個父親的日記」記錄了他對自己三歲半兒子成長及發展的觀察資料。1787年德國哲學家泰德曼（D. Tiedemann）也把每天的觀察寫成日記，記載他兒子從出生到三歲的成長情形。1840年達爾文（Charles Darwin）也觀察他兒子從出生之後的成長情形。1893年德國生理學家普萊爾（W. T. Preyer）在其《兒童之心智發展》著作中就詳細地描寫他對自己孩子前三年的觀察。此外，皮亞傑（Jean Piaget）也是透過觀察他女兒發展的日記記錄，最後著作兒童的心智發展理論。這些「寶寶傳記」的父母多半是專業人員，包括教育學家、心理學家、傳記作家等，他們詳細記錄了嬰幼兒發展中的發生改變歷程，也刺激日後兒童研究的發達與受重視，在1890～1930年代，日記法成為研究兒童的重要方法（李淑娟，2007）。

隨著兒童研究被重視，而觀察法也逐漸發展成為一門研究兒童中有系統的科學方法之一，其也著重多元化及系統化的記錄。日記法也被萊特（H. T. Wright）在1960年代應用直接觀察法研究兒童，並依記錄方法分為：日記法、樣本描述法、評量表法及範圍單位分析法，所採用的抽樣方式是時間抽樣與事件抽樣法。之後布齒特（R. Brandt）則依觀察方式分類為：敘述性資料、查核法及評量法。日記法最常應用到敘述性評量，尤其是利用質的資料分析。日記法可應用在每天固定時間（或大部分固定時間）來進行觀察，記錄內容是兒童發展上的變化，日記敘述大都是摘要的敘述方法。

##  第一節　日記法的功能與應用

日記法又稱為日記描述法（diary descriptions），係以類縱貫法（panel study）記錄標的行為的改變與新發現。換言之，日記法即對一個相同的幼兒或團體反覆地觀察一段時間，以瞭解其身心變化的情形。日記法是觀察敘述研究的古典設計（classical design），提供了兒童成長與發展的知識，也幫助日後發展軼事記錄法的技巧。

### 一、日記法的功能

日記法最大功能是記錄幼兒（尤其年齡較小的幼兒）新發展的行為，經由長時期縱貫的長期記錄，以瞭解幼兒行為發展過程及其影響的脈絡因素，這些是量化研究方法所不能提供的。

日記法是在實驗兒童心理研究之後逐漸被採用的方法，用法簡單且可以延長，可仔細針對特定行為長期觀察，可應用於動物研究或個案研究。然而，其系統性及客觀性仍被置疑，但用在父母、保母、教保人員或其他兒童照顧者，對較年幼的幼兒做每日及持續觀察，其資料卻是很實用的。一份完整的日記觀察，不但可詳細提供兒童發展過程與模式，也可以幫助照顧者瞭解兒童狀況，以作為改善兒童照顧品質的重要參考依據。

### 二、日記法的記錄方式

日記法的記錄方式可分為綜合式記錄、主題式記錄及教學日誌

等三種情形（廖信達，2004），茲分述如下：

## (一)綜合式記錄

綜合式記錄適用於父母、兒童照顧者，綜合式日記記錄可以讓兒童照顧者有條理的整理資訊，並提供給委託照顧者瞭解兒童在兒童托育機構的成長或生活情形。父母必然想知道當他們不在幼兒身邊的任何過程資訊，而且父母下班後也可參考兒童照顧者的照顧工作。有時，此種綜合式記錄還可以提供幼兒的健康與成長，以便及早發現一些可能發生的問題。

日誌是兒童照顧及觀察幼兒的重要資訊，它除了表明幼兒照顧者的工作記錄，也可成為父母與照顧者的溝通橋樑。幼兒照顧者的每日保育記錄（**表**4-1、**表**4-2），父母或照顧者可將每日記錄整理成冊，除了用於雙方查閱之外，也可提供幼兒喜好、興趣及發展進程的依據。

日誌需要每天記錄，若有任何資訊都應立即記錄，每一個小孩應有其各別的日記記錄本，內容可包括正餐及點心內容、不喜歡的事物、室內及戶外活動、個人衛生及休息情況以及具體的發展事件。日記記錄切忌不要用籠統說法，儘量具體，記錄力求簡明、清楚。

除了綜合式的保育記錄外，兒童照顧者也可針對每天特定的事件大約記錄，以持續觀察孩子的發展，如**表**4-3所示。

## 表4-1　嬰兒每日保育記錄

| 每日保育記錄 | | | |
|---|---|---|---|
| 孩子姓名 | 日期 | 開始（AM/PM） | 結束（AM/PM） |
| _____ | _____ | _____ | _____ |

1.父母的指示




2.餵食
　液體食物時間（樣式及數量）　　　　　固體食物時間（樣式及數量）


　_____　　　_____
　備註：

3.換尿布時間（排泄物有不正常須加註）




4.活動（時間及地點）




5.戶外活動（時間及地點）




6.其他作息：時間_____　　備註：_____
　洗澡
　午睡
　就寢

7.觀察及評論（成長、健康、習慣上）

表4-2　幼兒每日保育記錄

| 幼兒每日保育記錄 | | | |
|---|---|---|---|
| 孩子姓名 _____ | 日期 _____ | 開始（AM/PM） _____ | 結束（AM/PM） _____ |

1.父母的指示

2.餐點（時間及食物）
　早餐　　　　　　　　　　飲料_____cc.
　早點　　　　　　　　　　飲料_____cc.
　午餐　　　　　　　　　　飲料_____cc.
　午點　　　　　　　　　　飲料_____cc.
　晚餐　　　　　　　　　　飲料_____cc.
　備註

3.換尿布／上廁所時間（適當的加註）

4.活動（時間及形式）

5.戶外活動（時間及地點）

6.其他作息：時間_____　備註_____
　洗澡
　午睡
　就寢

7.觀察及評論（成長、健康、習慣上）

**表4-3　綜合式觀察記錄表**

| 孩子姓名：婷婷　出生年月日：2014/10/23　觀察記錄者：保育員 | |
|---|---|
| 2015/1/3 | 早上喝40cc.牛奶，有噎奶情形。睡眠時不好入睡，大便呈稀狀，睡覺不安穩，睡眠不穩定。 |
| 2015/1/4 | 睡眠穩定，40cc.沒喝完，大約還剩5cc.。大便形狀呈條狀，情緒也較為穩定。睡醒時，活動量大。 |
| 2015/1/5 | 喝奶時聽到有人談話，會停止吸吮動作，眼睛直視保育員，直到談話聲結束後，又再吸吮奶瓶。對於聲音會有擺頭尋覓反射。 |
| 2015/1/6 | …… |

## (二)主題式記錄

　　觀察者可將特定觀察內容聚焦於某些特定內容，例如兒童發展層面或健康行為等（**表4-4**）。新生兒專賣店或書店有賣Hallmark的「寶寶」書，提供父母親記錄孩子第一次的行為，例如看醫生、生日、說第一句話、玩具等，皆是有關孩子主題的觀察記錄。此外，父母親也可依觀察內容，記錄寶寶可能發生的事項。

## (三)教學日誌

　　日記法也可用在專業訓練中記錄一天所發生的重要事件，類似軼事記錄法，例如實習生（教師）觀察課室環境或團體觀察所發生的事。教學日誌（reflective journal），可兼顧日記法的優點，亦可兼顧實習過程的軼事，不需要像日記法對個人冗長的記錄，也成為專業訓練中督導瞭解實習生（教師）的一天的重要事件。同時，教學日誌也可應用到同一情境在團體中所發生的事件，不同成員的個體行為事件（**表4-5**及**表4-6**）。

　　使用日記法的注意事項：

幼兒行為觀察與記錄

### 表4-4 主題式觀察記錄表

| 被觀察者：婷婷 | 出生年月日：93/10/23 | | 觀察記錄者：×××
| 日期\n項目 | 2015/6/28 | 2015/6/29 | 2015/6/30 | 2015/7/1 |
|---|---|---|---|---|
| 拉肚子 | • 食慾變差，容易哭鬧<br>• 大便次數變多，呈稀稠狀 | • 可略為進食，吃稀飯<br>• 發燒<br>• 大便次數持續呈稀稠狀 | • 哭鬧漸為減少<br>• 可熟睡<br>• 發燒減少<br>• 大便逐漸減少 | • 可正常活動<br>• 可進食副食品<br>• 大便呈條狀 |
| 社會情緒 | • 很黏人<br>• 哭鬧聲很大，會尋求大人抱 | • 不舒服會高亢的哭叫<br>• 尋覓大人的擁抱 | • 睡眠中呈現安靜的表情 | • 會回應大人的逗弄，臉部呈現微笑、喜悅表情 |
| 認知發展 | • 對陌生人呈現焦慮<br>• 沒有物體永恆概念，不會尋覓不見的玩具 | • 對玩具有抓推動作 | • 對不同奶嘴有不同的吸吮動作 | • 對新奇事物表現興趣，注意力也較持久 |
| 動作發展 | • 可側身翻轉<br>• 四肢爬行 | • 會吸吮手指<br>• 會抓保母的項鍊 | • 能手握手具3～5分鐘 | • 腳會交替踢<br>• 手常握拳狀態 |

### 表4-5 幼兒在小團體活動的常規表現與社會互動之每日觀察記錄表

日期：2015/5/30 觀察者：M老師

| 幼兒\n行為 | 甲 | 乙 | 丙 | 丁 |
|---|---|---|---|---|
| 常規表現 | 專心，能服從老師指示，守規矩 | 我行我素，自我中心行為，不容易遵守團體規範 | 自我中心，常會受外圍環境所影響 | 合作，守規矩，願意幫助別人 |
| 社會互動 | 可分享，輪流；樂於助人 | 獨立，不容易進入團體與他人互動，容易與其他幼兒爭執 | 好奇，社會互動不足，常在外圍觀察別人活動，會自己在團體外無所事事 | 對學習事物好奇，願意與別人合作、分享，互動頻率高 |

60

Chapter 4

日記法

### 表4-6 某一助人專業科系實習生的實習日誌

| 姓名 | ××× | 第×週 | 104/8/11～104/8/15 | 累計時數 | 40小時 |
|------|------|--------|---------------------|----------|--------|

日誌內容：

8/11 (二)

寄養跟訪：寄養童與寄養媽媽第一次會面

8/12 (三)

經扶跟訪：八戶××鄉案家

8/13 (四)

閱讀「兒童少年寄養服務」手冊

下午2:20～4:25前往××鎮訪視

8/14 (五)

上午參與工作週報、討論××鎮個案、製作大專獎助金美宣品

下午2:05～4:20前往××鎮訪視

8/15 (六)

上午9:00～11:30為第四次兒童成長團體，本次擔任觀察者

下午1:40～3:40與個督會談

---

8/11 (二)

　　上午我與實習生夥伴××，跟著××督導和××老師，陪伴一位即將升高中的寄養女童到新的寄養家庭，與寄養媽媽進行的第一次會面，原本的寄養家庭因為家中奶奶需要人照料，所以無法再照顧寄養的孩子，才讓這位女孩再轉換至新的寄養家庭。

　　在車上與這位寄養女童的互動其實蠻特別的，她從後座上車，一看到我與××時，反應是十分震驚的！甚至是誤以為我們也是寄養童，但之後慢慢的有聊天接觸後，她對我們也較無防備心了。這位女童的父親目前正在入獄服刑中，母親又再嫁，導致從她五歲的時候就一直在安置機構成長，在路程中，社工老師們一直都有用不同的方式詢問，對於新的寄養家庭的想法，但她的回答總是「不知道！」，不過在我的觀察下，可以感受到她長期的不安全感。抵達新的寄養家庭後，見到了寄養媽媽，她的眼神讓我感受到各種不同的情緒及想法，而這個寄養家庭十分特別的是，家中從事幼兒園教育，寄養媽媽也曾修過社會工作學分班，所以算是「專業寄養家庭」，寄養媽媽對於這位小女孩未來的照顧方向也十分有想法，希望她未來無論是就讀日間部，亦或是進修部，都可以來幼兒園打工，早點瞭解付出體力賺錢的辛苦，為自己十八歲後自立做準備。

8/12 (三)

　　今天一整天都跟著××老師前往××鄉訪視，原本預計訪視五戶，但加上一些緣份使然，最後總共訪視了八戶。而「××鄉」是全××縣面積最大的鄉鎮市，約占了三分之一的面積，人口約1.06萬人，居民多為台灣原住民××族。

　　第一戶來到毗鄰××鄉××鎮的××村，沿著羅馬公路上去即可到達，這一家總共有三位扶助童，分別是大哥（國一）、二哥（小四）和小妹（小一），原本先前媽媽有工作時，××老師是有考慮停止扶助，但媽媽目前因為照顧孩子，

61

（續）表4-6　某一助人專業科系實習生的實習日誌

且無代步工具，而待業中，家中經濟來源僅靠父親的收入，所以仍持續扶助，這戶家庭在互動、玩遊戲的過程中，讓我感受到蠻多的正面能量，像是媽媽對孩子們的期許，孩子們單純且天真的笑容，大哥愛打籃球、二哥雖然身形略顯豐腴，但對於表現自己絲毫不扭捏，小妹則是乖巧惹人愛，這戶家庭比其他家庭的議題還少，主要就是經濟扶助，希望這三個孩子能透過非營利組織的幫助，快樂平安健康的長大。

第二戶來到了××村，訪視對象是一位即將生大二的女孩，與她會談感覺像是對自己學妹般輕鬆，而我主要以「學姊」這個角色，給予她在未來的大學生活許多想法，而××老師則是綜觀全家庭，透過她得知爸媽、姐姐、弟弟目前近況。

第三戶算是意料之外的，透過上一戶的訪視才得知這位年僅十六歲的男孩在家，而××老師因為很久沒見到他，聽到此消息立即前往。他不喜歡讀書，所以國中畢業就去工作了，但因年少輕狂，身上有許多愛玩的印記，無數個疤痕、用針和墨水自己所刺的刺青，而父親也不知去向，僅留下年邁的奶奶須照顧，我在這位男孩身上看到他對人生的茫然，才十六歲正值青春年華的年紀，可能是因為環境使然，導致「代間傳遞」的產生。而父親對他從小的不負責任，讓他無法有正確的人生與價值觀，而我們只能給予正向鼓勵和關懷，期盼他能脫離此循環。

第四戶也是緣份使然，中午用完餐，準備前往便利商店休息時，竟然碰巧遇到一位將升國二的扶助女孩，她在等還有一小時才會來的公車，準備返家，但她看起來身形削弱，氣色不佳，××老師詢問其原因，她回答她患有「地中海貧血」，僅能靠多吃紅肉改善，也因為身體狀況一直不好，導致國一下學期有一半的時間都沒去學校正常上課，在我聽到這些資訊時，是十分疼惜這位女孩的，但等我與××老師離開了便利商店，××老師才向我說，其實這位女孩有一個非常大的議題，但因為我在旁邊且又是公共場所，不太方便提起，這位女孩之前曾未婚懷孕，但之後流產了，才會導致她現在身體如此虛弱，而這些是從女孩周遭的朋友才得知的，我聽到這些心裡其實是十分震驚的，一方面是心疼她，但一方面卻又覺得她不愛惜自己，讓自己年紀輕輕就給身體這麼大的負荷。

之後下午的初訪也是令我印象十分深刻的，案父去年因為意外過世，案母目前在鄉公所以工代賑，月薪約一萬九千元，兩個孩子分別是七歲和五歲，平日與公婆同住，案母則因為工作關係，現在居住於娘家，每個月要繳五千元的車貸（還剩九期），經過××老師與案母的會談，評估案母目前其實沒這麼急迫的需要這筆扶助金，目的只是想買一些孩子想要的東西，來彌補平時無法照顧孩子的缺憾，所以××老師會再與經扶督導討論這戶案家的情形，再決定是否開案扶助。

經過一整天在××鄉的訪視，其實讓我感觸良多，這一群從小生長在大自然環境的孩子們，其實擁有得天獨厚的資源，是遠比都市孩子還幸福的，但可能就是因為教育資源不足，而影響了他們的一生，期盼能透過「社工老師」這個正向的角色，能引導這群孩子正確的價值人生觀，讓他們的未來無可限量，能在自己所喜愛的領域發光發熱。

8/13 (四)

週四下午仍是前往××鎮進行第七次的訪視，本次訪視主要就是要告知我們的

## （續）表4-6　某一助人專業科系實習生的實習日誌

陪伴關係將結束，而上週我應××老師之托，有請她寫給認養人的感謝信，拿到信的當下，我只是趕緊收進我包包裡，深怕弄丟，等到回到中心，我才把信打開看，裡頭有一段話是這樣寫的，「暑假這幾天都會有××姐姐陪我玩，還有教我寫暑假作業，××姐姐人超好^^」，我看到這段話的感覺就是心暖暖，我從沒想過我僅是每週一次的陪伴，竟然能有這麼大的力量！所以每位兒童，亦或是青少年，其實只是需要最簡單的「陪伴」而已，但大人們可能都忽略了。

### 8/14 (五)
　　××鎮小姐妹也是倒數第二次的訪視了，這對小姐妹一直以來給我的感覺就是十分乖巧懂事，因為還屬於國小的階段，所以也還沒有青少女和面臨身體變化的煩惱，每週去陪伴她們也是讓我十分開心，雖然名義上是我去陪伴她們，但我總覺得是她們陪我回憶我的童年，那樣的單純天真，謝謝她們，而下週五則是最後一次的訪視，我也會分別給予小姐妹回饋，使他們未來能繼續保持此單純天真樂觀，快樂長大。

### 8/15 (六)
　　上午為第五次團體的觀察者，本週主題是如何與同儕溝通，透過團隊合作，如何用最普通的紙張堆疊成塔，在活動進行的開始，該採用誰的意見也是溝通的一種，在我的觀察下，發現女生較積極，會想各種辦法努力完成，而男孩則是在旁自顧自的玩耍，是十分特別的現象。

　　下週三就是團體最後一次的進行，雖然成員的參與率仍是不高，團體的目標可能都未落實達成，但這也是一個難能可貴的經驗，期待我們能學中做、做中學，多累積經驗，未來能成為屬害的團體領導者。

　　專業成長：代間傳遞——家庭內會將某種習慣、觀念、行為世代承襲，即使你不承認、抗拒，它仍植入心中。

---

個督紀錄：

8/15 (六)下午1:40～3:40

1.與個督分享本週二、三參與寄養會面和××鄉跟訪之心得。

2.下週就是最後一週的實習了，與××老師分享自己這幾週的感想，和想帶給我自己的個案什麼特別回饋，能夠使他們在未來的生命歷程中，想到或是看到我所給的回饋，可以獲得正向能量，並結束這八週說長不長說短不短的陪伴關係。

---

下週計畫：

1.8/19 (三)上午團督。

2.8/20 (四)下午前往××鎮訪視。

3.8/21 (五)上午參與工作週報，下午前往××鎮訪視。

4.8/22 (六)上午為第六次兒童成長團體co-leader。全體領扶日。

5.8/23 (日)全體領扶日。

6.8/24 (一)全體實習生前往××鄉兒保宣導。

---

個督回饋：

1. 雖然日記法沒有時間與地點的限制，也可以任選觀察主題來進行觀察，但觀察者不可能將每一件事皆記錄下來，所以還是在觀察前要有預先目的，或臨時看到有興趣的主題配合軼事花絮方法來記錄。

2. 日記法的缺點為不是隨時觀察隨時記錄，當每天空閒下來，事隔觀察內容又有時間間隔，常會用記憶方法來捕捉記憶，使得記錄不真實，所以要配合觀點重點作花絮記錄，每天利用空餘時間隨時來敘寫每天所觀察的內容。

3. 專業人員要恪遵保密原則，務必遵守匿名原則。

4. 必須記錄觀察的日期與時間。

5. 記得觀察是有目的、有系統性的記錄。

## 第二節　日記法的優點與限制

### 一、日記法的優點

日記法的記錄是沒有時間與地點的限制，隨時可被採用，最重要的是可以瞭解幼兒行為與環境脈絡的關係。除此之外，李淑娟（2007）歸納日記方法有下列優點：

1. 適用在不同的觀察對象及不同的標的行為，但觀察者要有預先的觀察目的。

2. 敘寫方式不固定，方法簡單，沒有特別的技術性，人人都可以使用。

3.凡觀察者感到特別之處，都可以用文字詳盡且深入地記錄內
   容。

4.要鋪陳行為的背景脈絡資料，以提供他人瞭解行為觀察的現
   場情境。

5.使用豐富的縱貫性原始資料，記錄詳盡，可提供一些行為的
   細節以及永久的發展性資料。不僅如此，此種方法也可提供
   兒童行為發展的順序性和連續性，發展與環境關係的行為進
   展及演變和其相關因素的解釋。

6.所獲得的資料，只能偏面解釋某特定行為之發展過程，如用
   來瞭解或分析異常行為的特質及脈絡情境，確實有一些幫助
   預防或診斷與治療的價值。


## 二、日記法的限制

縱使日記法有上述的優點，但此種方法之最大缺點為觀察者的
主觀偏見、費時費力、個案資料難以做類推之效用。

日記法不能廣為當作科學系統的研究方法，乃是應用此方法在
解釋兒童行為實有其限制，分述如下：

### (一)觀察者的局限

一般而言，採用日記法需要貫時性研究方法（panel study
method or longitudinal research），觀察資料要有持續性及與幼兒熟
稔度，而具客觀且受過專業觀察訓練者常不能與幼兒長期生活在一
起並觀察資料，所以採用日記法之觀察者常是父母親或幼兒照顧

者，所以觀察者的教育、專業、照顧意願及投入時間皆可能會影響觀察資料的信度與效度。

## (二)容易造成偏見的觀察記錄

日記法的觀察者通常是幼兒父母或照顧者，因這些人是最瞭解及關心幼兒的成人，他們在觀察時容易有寬容效應——容易注意或誇大幼兒的優點，忽略幼兒的負向行為，或者以偏概全——缺乏完整詳實的事實記錄來說明兒童發展的歷程，所以此種方法容易造成觀察信效的置疑。

## (三)觀察樣本不具代表性

日記法常是用事件抽樣，而且常以個案為樣本，其抽樣過程常用立意抽樣方法，故所選取的樣本難具有代表性。此外，觀察者又要具觀察動機、時間、耐心等，故這些記錄的樣本也常缺乏事實的代表性。

## (四)費時費力

日記法需要長時間、持續不斷地進行觀察與記錄，觀察時還需要對特定的行為用心作記錄，觀察後還要將資料分類整理。此種觀察對一般父母或照顧者也是一種挑戰，然而對科學研究，除了個案特殊，不然針對一個一般兒童，要費如此多的時間及精力和資源來分析資料，也是一項不划算的工作。

(五)掛一漏萬的資料

　　由於日記法常用事後回憶的方式進行記錄，此種方法常會掛一漏萬，尤其容易引發行為的情境或困擾變因（confounding variable），以致造成資料記錄不夠詳實與客觀，造成效度的置疑。

# Chapter 5

## 軼事記錄法

軼事記錄（anecdotal records）可分為軼事筆記與軼事花絮方法。軼事記錄是記錄事件的故事描述，通常是在事件發生之時或發生之後，不久隨即馬上記錄事件的始末。軼事記錄法是兒童行為觀察早期記錄的方法。早在1880年代，美國發展心理學之父，G. Stanley Hall即建議應有系統的兒童觀察記錄當作是師範學院學生學習的一部分，其當初的動機除了用來訓練學生的觀察技巧外，另一功能是希望未來的準教師，在訓練過程中，能培養出一種對待孩子的正確態度，換言之，即是從孩子的角度（child's perspectives）來看待孩子，也同時可藉由直接觀察孩子，來讓準教師們能得到更多瞭解兒童的發展與知識（林惠雅，1990）。之後，此種記錄法為幼兒園廣泛使用的記錄方法。軼事記錄可以用來當作兒童在家中或幼兒園時所發生事件的證明文件，通常指兒童廣泛的社會、認知、情緒、語言、動作及學習發展情形。

## 第一節　軼事記錄法之分類

軼事記錄法依其記錄之方便及焦點之不同，可以分為「軼事筆記記錄」與「軼事花絮記錄」。

### 一、軼事筆記記錄

表5-1描繪一個四歲男孩小明正參與搭飛機旅行的戲劇遊戲的軼事記錄。此記錄記載小明的社會戲劇遊戲技巧（角色扮演、想像轉換及社會互動），與其正發展的讀寫能力技巧（使用腳本及繪圖

70

能力）。

在**表5-1**的軼事筆記是精簡型，包含相當多描述的訊息：兒童名字、日期、遊戲情境及真實事件發生情形和所觀察的成果。Irwin及Bushnell（1980）提供一些做軼事記錄的指引：

1.提供日期、時間、情境及基本活動的訊息。

2.記錄主角之行為及行為註解。

3.保留整個情節的順序。

4.記載兒童所說的話、保留整個對話。

5.要儘量客觀及正確記錄。

當記錄軼事筆記（anecdotal notes）時，焦點要注意你所看到及聽到的遊戲行為與對話（Vukelich, 1995）。至於是否要進一步詮釋及評量，則待整個遊戲情節結束及老師有時間再看這些筆記之後再做。

軼事筆記可用許多不同的材料筆來寫。Rhodes及Nathenson-Mejia（1992）建議老師用3M的黏貼紙來做記錄，以方便記錄日期及主要孩子的名字，更能在日後貼在其記錄簿上，以作為孩子的觀

**表5-1　小明賣機票扮演遊戲的軼事筆記記錄**

| 姓名／日期 | 姓名：小明 | 日期：201510/23 |
|---|---|---|
| 內容 | 小明正在商店，假裝他是一個售票員，他在空白的紙上畫上一些標記，假裝那是飛機票。他問我：「要不要買一張飛機票啊？」我說：「好啊！」並假裝付錢給他（用手一抓，其實手上空無一物，假裝付錢給他）。他將其他的飛機票賣給在此角落玩的小朋友。 | |

察記錄文件。此外，也可以用資料卡做記錄，更能方便穿孔洞製訂成冊（Christie, Enz & Vukelich, 1997）。老師用資料卡做記錄時，可以將學生名字寫在一角（通常寫在資料卡下邊），而且要讓名字是容易被看到。當老師觀察到兒童在遊戲時有一些重要事件發生，老師可以抽出學生的卡片，沿著所記載的日期，記錄兒童的遊戲行為。當卡片記滿之後，再夾在學生的檔案卡，再換一張新卡，以此類推。

觀察指引（observation guides）可以補充軼事記錄的不足（Rhodes & Nathenson-Mejia, 1992），這些指引常常是指出所觀察的遊戲層面，可讓軼事記錄更加有焦點及系統。第七章所介紹的三種實用之檢核表就可容易加以發展觀察指引。例如，某位老師想要觀察孩子之社會戲劇遊戲能力，他可以將Smilansky社會戲劇遊戲量表之種類轉換成簡略的指引，依循其五個要素——角色扮演、玩物、動作及情境的轉換、社會互動、語言溝通及持續力，來加以觀察並做軼事記錄。當然，指引也可以迎合老師的需要來加以制定，例如，遊戲中之語言使用、社會互動技巧、遊戲情節的主題內容等等。

## 二、軼事花絮記錄

假如兒童在遊戲時，老師不能或來不及記載孩子所發生的遊戲活動，那麼老師可在遊戲之後再回想，並做軼事花絮記錄（anecdotal vignettes）。這些事實發生之後的記載稱為花絮（vignettes），這些記錄很類似軼事筆記，不同的是其發生在之

前,是用過去語態記載,記錄過去所發生的事,因為花絮可以在老師自由時間,不被干擾之下,所以可記錄更詳盡的遊戲行為描述,而且也可以將遊戲行為及兒童發展情形做個連結。但可惜的是,太詳盡的記錄及回憶可能造成很大的代價——重要事件的訊息被老師遺忘了,或選擇性記憶某些訊息。

表5-2記載小明玩飛機遊戲的花絮,同時此也是表5-1的軼事筆記記錄,可以比較一下這兩個記錄有何不同,花絮記錄對遊戲與情境有較多的描述。同時,也注意此花絮記錄如何記載小明的遊戲與其語言讀寫能力發展之關聯性。

表5-2　小明賣機票扮演遊戲的軼事花絮記錄

| 姓名／日期 | 姓名:小明　　　　　　　　　　日期:2015/10/23 |
|---|---|
| 內容 | 有一群兒童從玩閣樓的扮演遊戲轉換到玩搭飛機的遊戲,並假裝他們要去法國旅行。小明在扮演角色假裝他是一個售票員。他之後用一些空白的紙,畫上一些標記,把紙當作飛機票。他賣我一張票,也賣給其他小朋友飛機票,我們假裝付他錢。他為自己保留一張票,然後,跟我們一起搭飛機要去法國玩。但是,就在他要離開商店之前,他在一張紙上塗鴉,並將紙貼在商店門口。之後,我問小明:「你寫些什麼。」他回答:「打烊了」。這是第一次我看到小明在遊戲中使用文字來代表遊戲的某些功能。 |

第二節　軼事記錄法之功能

　　軼事記錄法和日記法相同的是，它們在形式上皆是屬於描述性的觀察方法，敘述兒童行為與其脈絡情境之關係；然而，其不同的是，日記性是屬於縱貫法觀察與記錄兒童的行為發展，但軼事記錄法卻是用橫斷方法，不限於個人或團體，新或舊有行為，只要是研究者有興趣的事物皆可記錄。軼事記錄不受時間、主題所限，在任何時間，任何人只要有紙和筆（現在也可以隨時用手機錄影），所以說來，軼事記錄是所有觀察方法最容易執行的（林正文，1993）。軼事記錄法之焦點不像日記法著重非常豐富及詳細的資料，但此方法卻能掌握所發生事件的背後脈絡情境，所以，此種方法最適合幼兒園教師或保育人員所使用。

　　作為一種兒童行為研究的方法，其主要目的在於蒐集孩童的行為資料，此種方法可應用於成人參與或不參與的觀察，最重要的是成人不介入的方式，直接觀察、測量或評估兒童行為發展情形，其最終功能即對兒童做出綜合報告，彙集成個案研究的形式（李淑娟，2007）。

　　林惠雅（1990）從實務的觀點指出軼事記錄對幼兒園的教保員則具有三種主要功能：

1.瞭解幼兒行為或學習的脈絡情境及原因。

2.確認學生行為被增強可能原因。

3.從實際的人際互動中，瞭解情境如何制約以及兒童如何從情境獲得回饋。

黃馨慧（2001）更指出由於軼事記錄法的適用時機不限，任何時間都可以記錄，但軼事記錄可以提供較多的情境資料作為參考，以瞭解幼兒發生此行為的狀態與模式，以幫助日後輔導之重要參考。

## 第三節　軼事記錄法的使用程序

為了避免軼事記錄所記錄的事實事件失焦或不夠詳實，故觀察者要預先瞭解興趣所在，採用事件抽樣，嚴謹的設計、熟悉使用要領，以便能迅速詳實的記錄事件，最後就是有系統的詮釋事件中的內容要點。因此，軼事觀察記錄的有序、不失焦則須仰賴有系統的觀察過程，林淑娟（2007）指出軼事記錄方法要注意其使用要領，程序如下：

第一，保持敏銳觀察力，瞭解欲所觀察的行為，隨手做田野筆記，並掌握時機重整資料。

身為兒童研究者，敏銳觀察力是必備條件，尤其是日後歸納抽象之概念化。當對有感興趣的主題事件發生時，隨時記下觀察筆記、文字、符號或相片皆可，或利用錄音設備，記得要將事件的脈絡情境備註，以便日後將資料整理時，失去整個脈絡記憶。

第二，描述內容要涵蓋情境與目標行為發生過程以及之間的互動關係。

雖然軼事記錄可以隨時、有彈性取樣，但基於是研究者興趣的標的行為，尤其是事件發生後才抽樣，為了要使內容有完整性，記

錄儘量要將情境、標的行為、發生時間和過程仔細記載，基於何人（who）、何地（where）、何時（when）、何事（what）及發生過程（how）的原則來描述事件。

第三，行為過程要依序描述。

軼事記錄行為之描述要依時間順序先後記錄下來，接下來是地點與內容和互動歷程的記載，以便瞭解事件發生的前後、關聯的因果性。

第四，注意情境如何影響標的行為。

觀察如果將焦點放在脈絡的背景因素，只注意標的的觀察行為，常會造成偏誤的結論。因此，進行軼事記錄的觀察時，觀察者應描述觀察目標的行為外，同時亦應注意情境如何影響這些標的行為。

第五，儘量採取原音及正確文字的記錄，以便保有原始的對話情境。

如果來不及記下事件發生時所發生的任何事件，儘量用花絮文字，輔以錄音（影）記錄，再利用特殊符號來引註是誰說的話或動作，以便掌握事件的原味呈現，以及減免觀察者日後記錄的混淆。

第六，撰寫、記錄要將描述事件與詮釋事件區分清楚。

記錄時完整貼近原味呈現，尤其是直接觀察資料，所以描述要儘量客觀地描述事實，但事後對事件的詮釋與解讀，可以主觀。所以此兩者資料一定要作一區分（**表5-3**）。上述例子中，可以看到老師的介入技巧，以及幼兒在遊戲使用文字（符號）的能力。

表5-3　軼事記錄的觀察記錄

觀察主題：社會戲劇遊戲
觀察日期：2014/10/23
觀察時間：上午10:00～10:50的自由遊戲時間
觀察對象：小明
觀察地點：M班教室

| 人物 | 觀察內容 | 觀察者的詮釋 |
|---|---|---|
| 老師 | 看到小明一個人在積木角堆積木，看起來像房子，然後就推開，眼睛注視一旁的幼兒在一起玩。老師問小明：「你搭的房子看起來很牢固……，你看婷婷他們好像需要一個機票櫃檯的樣子，他們正要去旅行。你要不要幫他們。」然後老師招呼其他小朋友說，小明是航空公司櫃檯，你們要來這裡買票。 | 老師應用外在干預策略。將單獨遊戲的小明引到和在一旁的小朋友，一起玩社會戲劇遊戲。 |
| 婷婷<br>超超<br>小君<br>均均 | 櫃檯（小明所搭的積木房），我們要去法國，要買四張票。 | |
| 小明 | 好的（趕快將積木上端放平，利用一些紙，當作機票），拿起筆，隨意作一些圖記。婷婷也從皮包拿一些紙（當作錢）給小明。 | 社會戲劇遊戲，有角色的假裝溝通及玩物轉換。 |
| 小明 | 在積木（櫃檯）前，貼了一張紙，並畫了一個×。 | 小明用符號「×」代表「打烊了」，似乎在此遊戲已具有識字（literacy）的功能。 |

幼兒行為觀察與記錄

## 第四節　軼事記錄的優點與限制

### 一、軼事記錄的優點

軼事記錄是不拘主題、不拘時間，隨時隨地就可以觀察且記錄的簡易方法。所以此種方法優點很多，臚列如下：

1. 觀察者容易上手，即使是新手也可以很快駕輕就熟，只需要紙筆，再輔以錄音（影）設備，即可隨時隨地使用。

2. 記錄時可以採取參與或非參與的觀察方式，也不用當場記錄，可以掌握事件發生的來龍去脈，只要詳加注意標的行為的內容與過程，待之後有空之時再記錄即可。所以，進行軼事記錄時，不會干預整個活動的進展。

3. 觀察主題很有彈性，只要是任何觀察者有興趣的，認為值得的，一般行為或特殊行為皆可成為標的觀察目標。

4. 記錄內容除了具描述性，也具有因果關係的推論。記錄方式可以重點描述、條件說明或用說故事方式來敘寫，內容除了可吸引讀者，也可加插非文字圖記，不受文字差異所限制，觀察報告很適合親師溝通的題材。

5. 不需長時間觀察。軼事記錄不似日記法針對某一標的行為作深度、詳盡的描述，最重要的是軼事記錄掌握觀察事件與脈絡情境之關係，也能掌握事件發生前後關係的精髓，尤其是因果關係的推論。

6. 充分瞭解影響行為發生之相關因素。軼事記錄可以幫助教保

員瞭解幼兒遊戲、學習、生活等行為，最終幫助幼保員瞭解
孩子的成長與發展，尤其強化或削弱幼兒行為之原因，以幫
助老師們對幼兒的個別差異引導。

### 二、軼事記錄的限制

縱然軼事記錄容易使用，但觀察者未有充分的基礎或欠缺最基
本的觀察訓練，也可能使資料詮釋失去準確的意義，其侷限有：

1.資料欠缺客觀性。觀察者的月暈效果或主觀的選擇，而產生
　主觀的資料，致使觀察內容未能掌握統整性和客觀性的描
　述。
2.觀察行為、欠缺代表性。軼事記錄常用立意的事件抽樣方式
　來選取標的觀察行為，如果研究者只注意自身感興趣的事
　件，如果將特定或單事件作為一般對象的推論，實有不客觀
　及欠缺代表性的情形。

## 第五節　電子媒體工具的輔助

近年來，電子化已成當代社會的生活必需品，智慧型手機普遍
被使用。軼事記錄法最需要電子媒體工具來輔助記錄。

錄影器材也愈來愈便宜、愈來愈普遍，廣受家庭或學校所使
用。之後，家長和老師可能使用8釐米的攝影機，以及現在較普遍
使用的數位相機和手機來記錄孩子的成長，或老師用於評量及教導

功能使用。利用這些設備可協助成人去觀察幼兒遊戲行為，其優點在：

第一，錄影器材解決了一些成人觀察上的問題。試想，忙碌中的幼教老師或家長如何有時間來做系統觀察呢？而攝影機可架設在某些遊戲角落（娃娃家、積木角），使觀察記錄可以繼續進行，毋須額外時間及注意力，而錄影帶可在時間允許及方便的情況下隨時放映。錄影記錄皆可適用第七章所介紹的三個量表來觀察幼兒遊戲行為。較有問題的地方是：攝影機不能隨幼兒走動而移動，為了方便省力，攝影機只固定在某一地點，當幼兒不在此一範圍內遊戲便拍不到了。此時只有以人工隨時依孩子走動來操作攝影機才可解決這類問題。

第二，用攝影機可蒐集到比人去觀察的一手資料更豐富的訊息，因為不會錯失幼兒任何遊戲行為，又可重新放映。它可顯示：(1)幼兒玩哪些玩物；(2)與哪些幼兒或成人一起互動；(3)所使用的語言；(4)幼兒及成人所使用的非語言，如姿勢、手勢、聲調等。

第三，成人可藉錄影器材來增強自己的觀察技巧。如某些老師可能用同一卷錄影帶看某些幼兒的遊戲，然後用其中一種量表來記錄，再來可比較老師們所看到的遊戲行為，並討論他們為何用此類型的觀察類別作為登錄的依據，同時不同的觀察者所評量的結果可做評分者的信度，如此可加強彼此間評分之一致性。

最後，老師可利用錄影帶作評估及增進自己干預及參與兒童遊戲的技巧。Christie、Enz及Vukelich（1997）研究幼稚園兒童及老師在自由遊戲活動時的互動情形，並將互動過程做全程錄音，再放給老師聽，結果發現許多老師後來會改變他們參與幼兒遊戲的策略。

以往老師的干擾都較直接或跋扈，現在反而較少用這種方式，取而代之的是參與幼兒遊戲的情形加多了，在參與中也觀察幼兒的遊戲技巧。老師自我評價的功效也會藉由視聽器材而更彰顯，它更可將師生互動情形及幼兒對老師所設計的課程反應做更詳細的記錄，以作為老師教學參考用。此外，錄影較錄音好，因它不需做其他的情境說明及進一步的解釋。現在有的幼兒園甚至用e化之電腦加上錄影設備，也可以讓家長在家中可以觀察到幼兒在園所的行為。

Christie、Enz及Vukelich（1997: 116-117）對使用非人控操作（監督）之錄影時，有如下的建議：

1. 將攝影機放在角架上，並調整整個焦距對準全園所，才能完全掌握全園所小朋友之行蹤及行為。將攝影機放在錄製中，並準時檢查攝影機之鏡頭有否對準重要情境及行為。

2. 錄製時要先測試，確信影像及聲音是否有效被錄製。此種預試也可讓兒童去除對攝影機之敏感性。

3. 在你記憶猶新時，檢查錄影帶，此舉可幫助你掌握錄影之情境與行為。

# Chapter 6

# 樣本描述法

幼兒行為觀察與記錄

　　前兩章所提到日記法及軼事記錄法常應用於自然情境中（natural settings），從簡單記錄單一事件或記錄有興趣的主題幾分鐘、幾小時或幾天的特定標的行為而已。然而這些觀察記錄應用於研究分析上，觀察者常只能斷章取義或下一些較主觀的結論；有時資料還難於作完整的分析。當面對較困難或挑戰性的研究主題，觀察者要應用敏銳的觀察力，以詳實但淺顯的文字，將當時的情境鉅細靡遺記錄下來，甚至需要更長時的記錄，所得資料多且豐富，分析需要花大量的時間與人力。

　　樣本描述法是一種連續記錄法（running records），此種方法是從日記法和軼事記錄法逐漸發展出來的，如同Louise Woodcock連續九年，針對二歲兒童的連續觀察，除了參與教學九年外，之後其仍持續觀察二歲幼兒，最後在1941年出版了 *Life and Ways of the Two-Year-Old: A Teacher's Study*，在觀察期間，每天二十四小時，每八小時輪換一個觀察員，至少持續一年。有時幼兒園也可以用錄影機持續觀察幼兒在園內的生活，此種方法即為連續記錄的樣本描述法。

　　連續記錄法一般比軼事記錄來得完整敘述事件的發生與發展，也是運用事件取樣的記錄方法。使用此觀察法必須要詳細地記下行為的發生及相關脈絡情境，以及如何導引下一個事件以及事件中最重要的相關因素。由於此種記錄方式不需事前訓練或很專業的訓練，所以常被專業人員廣泛使用。此記錄方式最重要的目的是記錄行為發生的當下情境，讓閱讀人閱讀觀察者的描述能如臨其境。

　　連續記錄的概念由1940年代Roger Barker率先提出樣本描述法（Specimen Descriptions）的名詞（李淑娟，2007）。Barker建議觀察者最好使用非參與觀察方式，以便能有時間詳實記錄每一行動的

環節。Barker與Wright在1951年使用樣本記錄方法，記錄七歲男孩的一天生活，觀察者由熟悉此七歲男孩的八位大人擔任，輪流記載此七歲男孩一天可能發生的行為，最後八位觀察者再使用觀察資料，寫下自己的詮釋，最後再據此大量資料，建立一套行為分類系統，並找出事件的前因後果（廖鳳瑞、李易霖譯，1998）。

樣本描述和連續記錄方法是一樣的方法與觀察策略，都是對行為或事件的描述，不同的是樣本描述需要更精確的細節及必須要有預先觀察的準備，基本上，它們皆屬於非參與式的自然觀察，而且是非結構式。它們的記錄方法簡單，不需太多輔助工具，能提供行為連續性及受環境脈絡所影響，只是費時費力。

## 第一節　樣本描述法之功能

樣本描述法或可稱為連續記錄法，其和單一特定樣本描述的日記法和軼事記錄法皆是以特殊事件作為觀察目標，針對事件進行觀察，採用的抽樣策略是事件抽樣法。唯一不同的是日記法與軼事記錄法時間較廣，針對較特定的行為作觀察，而樣本描述或連續記錄法時間範圍較長，不受時間限制，最重要的是特定行為與事件發生時每一個情境皆須被記錄。事件抽樣方法最大功能在：(1)研究可以深度分析，供教保員參考；(2)資料可進行教保計畫規劃與評估；(3)資料可作為日後介入的依據及參考。

樣本描述法是一敘述性的描述記錄，可提供較多、較完整與詳細的記錄，而且可以記錄行為與事件的連結性。樣本記錄法根源

幼兒行為觀察與記錄

於觀察者預先規劃的情境，在特定的時間與場所下，將一天中的時間、人物及情境記錄其連續發生情形，最重要是觀察者的文字敘述，要能使閱讀者身臨其境，或構想當時的情境。樣本描述法的記錄是同特定時間及情境下的觀察，不只限於單一的幼兒行為過程，也可同時對一團體做觀察。

樣本描述法最重要的是提供幼兒行為的脈絡及連續性行為分析，也為行為之可能影響因素提供詳細的資料，尤其在自然情境中，不受觀察干預的行為，尤其是深度及多重資料的進一步檢視與分析，所以，此種觀察法可以達到下述的功能：

1.瞭解行為持續的發展變化。

2.檢視孩子在特定情境下的可能行為型態。

3.可以用來檢視影響行為的可能因素，如同霰彈研究模式（shotgun approach），以幫助日後量的研究設計。

4.幫助專業照顧者瞭解孩子行為原因，以作為日後教保活動或行為干預的參考。

## 第二節　樣本描述法之範例

樣本描述法可提供教保人員在特定時間內，對幼兒行為作連續記錄，可以對特定對象或團體進行觀察。例如，教保人員可選擇幼兒園在自由活動時間進行某項活動，老師可跟尾特定的觀察對象或在特定的角落，觀察幼兒的行為。在此特定時間內，記錄所有的行為，包括對話、互動、動作等。**表6-1**即某幼兒園在特定自由遊戲

時段中，幼兒的社會戲劇遊戲的觀察記錄。

由**表6-1**的觀察記錄，M老師記錄當時社會戲劇遊戲情境及遊戲的動作與對話。不僅如此，M老師應用Smilansky的社會戲劇遊戲的內涵來分析小英的社會戲劇能力。觀察者的詳細記錄，不僅讓閱讀者瞭解遊戲的順序，並且應用Smilansky社會戲劇遊戲量表分析內容來分析小英的社會戲劇遊戲能力。觀察者不僅描述遊戲的前因與後果，尤其在社會戲劇遊戲中的假裝溝通、後設溝通、玩物轉換以及對角色的認知能力情形。除此之外，觀察者也可利用上述觀察內容來評析小英的社會戲劇能力，進而規劃其日後教學的參考。

**表6-1　樣本描述法記錄範例**

| 觀察對象：小英（4歲）、小明（3.5歲）、小華（3.5歲）（小班幼兒），<br>　　　　　小英是主要觀察對象<br>日期：2015/10/23<br>觀察場所：某幼兒園積木角、扮演角<br>觀察情境：在自由活動時段，老師布置扮演情境<br>觀察者：M老師<br>時間：10:00～10:20，共計20分鐘 | |
|---|---|
| M老師將扮演角的麥當勞廚房用具，並提供廚師帽子、圍裙、爐子、水槽、鍋子、煎匙、盤子、湯匙，還有一些食物模型。在積木角布置類似家庭的情境：桌子、沙發、桌巾及桌椅。 | 情境布置 |
| 小英來到扮演角看到煮飯的玩具，邀請在一旁玩積木的小明來玩扮家家酒，在一旁無所事事的小華聽到，就說：「我也要玩。」小英點頭並指示小明當爸爸，小英說我當媽媽，小華當小嬰兒。小華馬上應聲說：「我不要當小嬰兒，我要當爸爸。」小英說：「不行，小明當爸爸，你要玩，就當小嬰兒。」小華說：「好，那下次我要當爸爸。」小英說好，並指示小明去沙發坐，小華在沙發躺著，並要假裝哭。小英逕自到扮演角拿一些食物玩具，開始準備早餐。 | 遊戲情境描述 |

（續）表6-1　樣本描述法記錄範例

| | |
|---|---|
| 小英：寶寶看起來好像餓了，我們（對小明說）煮東西給baby吃。 | 小英指定遊戲角色並set up遊戲情境 |
| 小明：（從沙發跳起來），好。 | |
| 小英：（對小華說），你要哭大聲，並說你餓了。 | 小英具有後設溝通語言 |
| 小華：（也從沙發跳起來）但是我不餓。 | 後設溝通語言 |
| 小英：你要假裝說你餓了（並用手將小華推回沙發）。 | |
| 小華：（用似娃娃啜泣的聲音）我餓了。 | |
| 小英：（面向小明）爸爸，我們早餐吃什麼？ | 小英使用假裝（媽媽）溝通 |
| 小明：吃炒蛋好了。 | |
| 小英：好，假裝在食物堆拿蛋（並到積木角拿一些積木）。 | 小英有玩物轉換能力，將積木當蛋 |
| 小華：啊！我好餓、好餓哦！ | |
| 小英：（用手指小明，假裝責罵小明）不要吵！（手假裝在炒蛋），蛋已經在煮了，馬上就可以吃了。爸爸，你到餐桌準備餐具。 | 後設溝通語言 |
| 小明：馬上到積木角餐桌邊，拿一些盤子、湯匙（在布置餐桌）。好了，已準備好。 | |
| 小華：（從沙發跳起來）爸爸，我來幫忙。 | |
| 小明：（推小華回沙發）不行，小baby不能做，你應該躲在沙發哭才對。 | |
| 小明：（利用仿裝模型玩具的盤子及杯子來布置餐桌，用冰棒棍及飲料空罐來代替刀叉及牛奶壺） | |
| 小華：（躲在沙發）假裝哭得很大聲並說我好餓。 | |
| 小英：（在扮演角）持續在炒蛋，並放在盤子（用積木當蛋）。 | 玩物轉換能力，並用動作表示炒蛋 |
| 小明：（用空罐子倒牛奶）牛奶好了，媽媽，煮快點，小baby好餓。 | |
| 最後，小英、小明、小華在餐桌上，假裝喝牛奶，吃炒蛋，並說好好吃哦！<br>（此遊戲共進行15分鐘）。 | |

第三節　様本描述法的使用步驟

　　様本描述法的使用要領及注意事項類似軼事記錄，可以依循如下原則（林惠雅，1990；廖信達，2004；李淑娟，2007）：

　　第一，觀察者宜採非參與觀察方式的記錄。

　　様本描述法是需要觀察者當場詳細的記錄，為了使觀察者能專心不受干擾的記錄，所以觀察者不宜參與孩子的活動，如果必要的話，可以輔助錄音（影）設備，以便事後補充記錄。

　　第二，觀察時間不宜過長，最好在半小時至一小時之間。

　　每次觀察時段過長，容易造成精神及心力疲勞，而導致影響資料的完整性及敏感性。如有需要較長時間，可採用觀察員輪流觀察或選擇不同時段來輪替進行。

　　第三，若是頻率常發生的事件，觀察時段要預先設定。

　　様本描述法常用事件抽樣技術，是屬於質性分析的策略，不似檢核表或量表方法，採用時間抽樣策略，並應用量化分析技術。故在觀察前，如遇同屬性事件，可採用不同時段觀察，以作事件發生因果性的交叉檢核（cross-validation）。

　　第四，觀察要依據觀察目的，盡可能詳盡描述。

　　作為兒童行為研究，詳盡描述及正確解讀資料是必備的。資料愈多，尤其影響相關細節或情境的描述，對資料的詮釋是有幫助的。記錄時不要去考慮資料的分析與解讀，儘量多蒐集事件及行為。最重要是所有資料的蒐集及分析要依照研究目的而定，至於要如何確定資料是否完整，李淑娟（2007）提出下列建議：

1.觀察前，先對情境瞭解及描述說明。

2.盡可能貼近被觀察者，完整記錄觀察對象所說的話、所做的事，以及與情境的互動，如果允許，也記得觀察對象的非語言行為。

3.不論觀察什麼（what）行為，也要記得記錄如何做（how）。

4.如果被觀察者有與他人互動，也要記得與其互動的人說些什麼及做了什麼。

5.每個動作與行為皆有其發生順序，要依序正確記錄。

6.如果觀察者熟悉觀察行為或有經過訓練，觀察行為也可以用代號或圖記來記錄，事後要依序補充，以節省記錄時間及心力。

第五，要注意可能影響行為之脈絡因素。

除了留意樣本描述方法是非參與觀察，故所有會侵犯或影響被觀察者的行為也要加以備註，例如，脈絡環境的氛圍、兒童的健康或情緒反應。

第六，儘量使用客觀、明確及生活化的語句描述。

避免個人主觀化，使用客觀、明確、生活化的語句將有助於觀察資料的清楚呈現，也將有助於閱讀者瞭解事件發生始末的真實內容。儘量保持一項行為、一個句子的敘述，必要時可將觀察內容請同僚或觀察者父母確認，掌握三角教正（triangulation）的效度檢定。

第七，可配合錄音（影）設備，來補足或修正記錄。

記錄內容可能因時間倉促而有錯失資料，如有錄音（影）設備來協助記錄，可提升樣本記錄的完整性及正確性。

## 第四節　樣本描述法的優點與限制

### 一、樣本描述法的優點

　　樣本描述法具有日記法及軼事筆記（花絮）記錄方法的優點，例如在自然情境中觀察孩童的自然行為，不參與（介入）觀察情境，不需特別的表格與輔助工具，只要有紙與筆即可記錄，只要情境適合，隨時都可以記錄。除此之外，樣本記錄可採用深入對單一事件的連續記錄，其更具有下列的優點：

### (一)觀察前不用做太多預先準備

　　如同日記法、軼事記錄法般，樣本描述法不需要在事前準備特別的工具，也不需要將觀察的行為作預先的判讀與解釋，只要在現場，自然情境中，觀察並記錄行為即可。

### (二)能掌握孩子在自然情境中之真實行為

　　樣本描述法應用於非參與的自然觀察，通常採用非結構式的觀察記錄方式，所以，觀察者可專心觀察及詳盡記錄，最重要的是觀察者可掌握兒童在真實情境中的完整行為。

### (三)觀察行為可在脈絡情境展現其行為變化或發展的過程

　　自然情境的現場細節的順序能提供閱讀者瞭解幼童行為的狀況，以及其背景因素的因果關係的互動歷程，藉此可提供助人專業者實施有效的輔導策略來幫助行為矯正與干預。

### (四)豐富的資料，可提供幼童行為的分析

在樣本描述的研究歷程中，研究者可在計畫的觀察情境（如時間、地點、對象、主題等）記錄孩子的行為，尤其對個案（個人或團體）進行研究，樣本描述的記錄可蒐集豐富的質化資料，可提供多元分析。

### (五)觀察記錄的應用多元、保存性久

樣本描述記錄提供幼童行為歷程，清楚的記錄，不但可從中瞭解觀察時段幼童行為的起因以及受環境影響的情形，因為樣本描述的質化觀察記錄的應用範圍廣且多樣性，尤其完整的質性資料可使情境的影像再次生動的呈現，觀察者可反覆分析，以進行進一步的解釋，或是從中瞭解其他新的資料以獲得新的發現。此外，觀察記錄資料可反覆使用，具有保存價值，保存性久。

## 二、樣本描述法的限制

縱然利用樣本描述法所蒐集到的資料非常有價值，但此種方法需長期連續觀察，故費時、費力，成本也很高。其限制如下：

### (一)觀察者需花費大量的精神與時間

樣本描述法大都是針對個案進行觀察研究，如果要研究團體，那則需要研究團隊，更需大量人力與經費。

## (二)大量資料的整理需要人力與技術的支援

資料的逐字稿、繕寫與打字、校稿皆需要人力資源,至於資料的整理、判讀、分析也需要人力的投入及技術的支援。

## (三)資料需要做歸類及歸納分析

樣本描述的記錄非常豐富,若要進一步對資料做後續處理,則需要有一套的歸類,以便日後做歸納分析或量化處理。

## (四)對現場的教保人員而言實用價值不高

由於在托育機構,教保人員需要負責幼童的教保工作,不太可能有長時間脫離教保活動,進行觀察。除非托育機構有足夠人手或經費,不然實難以使用此類的觀察記錄法。

# Chapter 7

# 檢核表法

接下來第七章及第八章將提供檢核表法和評量表法。兩種方法常使用時間取樣策略或應用連續性記錄法，可提供立即量化分析資料，而且可以不同方式呈現。然而此種方法不似前幾章的方法，例如日記法、軼事記錄法、樣本描述法般，可獲得行為背景、因果關係、行為發生過程及結果，而且因這些方法採用事件抽樣策略，可獲得期望的預期行為發生的現象。然而檢核表法是記錄行為是否出現以及頻率的有效方法，尤其是行為是既有的行為，應用於日常的教保活動，舉凡幼兒的日常生活活動及環境有關的事項皆可以用檢核表方法來檢核。此外，行政庶務、衛生管理、幼兒行為發展、教保評量或輔導成效，常使用此種方法來進行檢核。

## 第一節　檢核表的功能

　　檢核表（checklist notations）是屬於高結構式、有特定的觀察行為及如何觀察的限制。檢核表快速且容易使用，適合量化分析，限制是缺乏脈絡訊息的描述。

　　檢核表是有用的觀察工具，其用於：(1)描述特定的行為；(2)提供行為之出現與否的簡易觀察系統。檢核表可以加以系統化及注意特定之行為的頻率，其好處在於快速、省時及方便。

　　有許多觀察量表是在研究兒童行為發展之後而產生的，這些量表多半較複雜，不適合應用於其他研究，例如，Sylva、Roy和Painter（1980）研究英美幼兒所用的三十類「目標兒童」系統即是其一。這量表可仔細觀察到孩子遊戲的行為，但其登錄過程卻很繁

瑣，一般家長及老師很難學會，只適合本研究之用，對其他樣本或場合卻不適用。另外，用來研究表徵呈現及行為基模發展的量表（Rosenblatt, 1977），是專為嬰兒及嬰幼兒所設計的，亦不適合老師觀察幼兒之用。

一般檢核表容易使用，而且具有明確的定義，讓觀察者容易使用，記錄表只要依循原則，根據行為是否表現作劃記（tally），最後再進行統計分析。

檢核表用途很廣，舉凡幼兒發展、兒童行為問題、教保目標、同儕互動等，皆可以使用此類觀察方法。檢核表可使用類似樣本描述法的情境——自然無參與的觀察，只是觀察使用是採結構式的分析。結構的內容分析是提醒觀察者注意檢核表的行為是否出現。

## 第二節　檢核表的實施範例

在此，作者特別選了三個適合幼兒教育者及父母使用的檢核表：(1)Parten/Piaget之社會／認知檢核表（Parten/Piaget/Social/Cognitive Scale），可廣泛觀察幼兒社會及認知遊戲；(2)Howes的同儕遊戲檢核表（Howes Peer Play Checklist），是針對兒童社會遊戲的瞭解而設計的；(3)家庭托育服務環境安全檢核表，針對托育服務之專業人員所提供，為托育環境安全評估。這些檢核表共同的特點是容易使用，並可用來幫助成人豐富孩子的遊戲行為。

成人選擇上述之檢核表要基於其使用之目的。社會／認知檢核表可幫助成人瞭解兒童大略的遊戲行為模式，這是在要用更仔細之

檢核表，來觀察孩子特定行為觀察前的行為篩選檢核表，可以通盤瞭解孩子的認知與社會行為模式。假如Parten/Piaget之社會／認知檢核表指出，孩子缺乏社會遊戲層次，那觀察者可再利用Howes的同儕遊戲檢核表來蒐集更多有關孩子社會層次遊戲的資料。而如果一個四、五歲的幼兒在此檢核表發現有較少的團體戲劇遊戲之行為，那麼觀察者就可利用社會戲劇遊戲（Sociodramatic Play Inventory, SPI）來進一步瞭解孩子缺乏哪一類技巧。

## 一、Parten/Piaget之社會／認知檢核表

幼兒的遊戲是同時朝不同方向發展的，例如，隨著年齡的成長，幼兒會愈來愈社會化。此外，他們也逐漸開始玩較高層次的認知遊戲，如建構遊戲、想像及有規則的遊戲。早期遊戲研究者通常在觀察時，一次只注意一個主題，如認知或社會化。70年代中期，Rubin和他的研究小組結合了Parten（1932）的社會參與量表、Smilansky（1968）應用Piaget（1962）而成的認知遊戲量表，兩者合併為可同時評量兩個方向的遊戲發展檢核表（Rubin, Maioni, & Hornung, 1976）。

Rubin在此檢核表修正了Parten的社會遊戲種類，將聯合性及合作性遊戲兩類，修正為團體遊戲一種（Rubin, Watson, & Jambor, 1978），最後所形成的檢核表為Parten/Piaget檢核表，共有十二個遊戲種類（**表7-1**）。另外還有無所事事、旁觀的非遊戲行為。

Parten/Piaget檢核表可使研究者得到因只考慮單一社會或認知層次所蒐集不到的資料。例如，Parten（1932）認為單獨遊戲隨年

表7-1　遊戲中社會—認知的組成因素：分成十二類

| 認知層次／社會層次 | 單獨遊戲 | 平行遊戲 | 群體遊戲 |
|---|---|---|---|
| 功能性 | 單獨—功能性 | 平行—功能性 | 團體—功能性 |
| 建構性 | 單獨—建構性 | 平行—建構性 | 團體—建構性 |
| 戲劇性 | 單獨—戲劇性 | 平行—戲劇性 | 團體—戲劇性 |
| 規則性 | 單獨—規則性 | 平行—規則性 | 團體—規則性 |

註：有兩種非遊戲的種類：無所事事及旁觀的行為。

資料來源：摘自Rubin, Watson & Jambor (1978).

齡增長而減少，且單獨遊戲可算是不成熟的遊戲指標，這亦是大家所公認的，但近年來使用Parten/Piaget檢核表的研究者卻發現，孩子隨年紀的成長，其遊戲型態由單獨功能性轉到單獨建構性遊戲，再變成單獨戲劇遊戲（Rubin et al., 1978），而僅有單獨功能遊戲一種，才與不成熟的遊戲特性有關。

單獨功能遊戲是嬰幼兒最早的遊戲形式

## (一)使用步驟

父母或老師在評量幼兒的一般遊戲發展時，將會發現到Parten/Piaget檢核表是一個很好的工具，而且很容易瞭解與操作。此檢核表使用步驟如下：

第一，先瞭解各種遊戲及非遊戲活動種類的定義，可幫助觀察者鎖定哪些特定的行為，也對非遊戲活動下了定義。

在實質中曾有下列情形：孩子在室內看故事書、餵食魚缸裡的魚，那這孩子的行為是屬於何種遊戲種類呢？有了非遊戲種類定義，我們就可以很清楚地將這些行為加以記錄。

第二，準備一些記錄紙來記錄孩子的遊戲行為。

我們建議使用一雙向度的記錄方式（**圖7-1**）。圖中有十二種細格，可允許觀察者觀察單獨、平行及團體的功能、建構、戲劇及有規則的社會認知層面，還包括兩種非遊戲行為活動，每一位幼兒都有自己的觀察表。

第三，以抽樣原則抽取觀察的時間及次數，確定觀察的系統。

我們發現Roper及Hinde（1978）發展出的多重抽樣方法和Parten/Piaget檢核表合用效果非常好，以十五秒為一觀察時間間隔，這個時間使觀察者瞭解正進行的是哪種遊戲，但卻也短到在一個觀察間隔時間內遊戲者不太可能改變他的遊戲形式。

整個抽樣系統是依下列程序進行的：首先，混合所有幼兒的遊戲觀察表，然後再隨機抽取觀察表，以確定觀察的順序（隨機的公平性），隨後觀察幼兒的遊戲，以十五秒為間隔登錄在觀察記錄表上（劃記），從第一張觀察表的幼兒開始觀察。例如，有一幼兒

名字：＿＿＿＿＿＿＿＿＿＿＿＿　　　觀察日期：＿＿＿＿＿＿＿＿＿＿＿＿

認知層次

|  |  | 功能性 | 建構性 | 戲劇性 | 規則性 |
|---|---|---|---|---|---|
| 社會層次 | 單獨 |  |  |  |  |
|  | 平行 |  |  |  |  |
|  | 團體 |  |  |  | . |

| | 無所事事／旁觀／活動轉換 | 活動 |
|---|---|---|
| 非遊戲 |  |  |

**圖7-1　Parten/Piaget記錄表**

資料來源：作者整理。

正與其他幼兒一起玩積木建構遊戲玩具，這是典型的團體—功能遊戲，我們便在記錄表上的群體建構欄上劃記。完成觀察後，換第二位孩子進行觀察，以此順延，每位孩子皆以十五秒為一次行為觀察的時間。在所有孩子皆觀察一次完成後，再進行第一位小孩的第二

次行為觀察。大約一分鐘可觀察三次行為，因十五秒與十五秒之間（每一次的行為觀察之間）可休息五秒，作為下一次觀察的準備。依此計算時間，則每四分鐘可觀察十二位幼兒的一次行為，那二十分鐘內便可完成十二位幼兒五次的觀察。

在對每一幼兒觀察完二十至三十次遊戲後，我們可以很清楚地從記錄表中，看出幼兒在認知／社會遊戲的行為層次及模式。

## (二)注意事項

我們建議老師、家長在使用Parten/Piaget的表格時，應同時注意以下兩點，並考慮孩子的年齡。

第一，幼兒的遊戲社會層次是否合乎其年齡？

對二或三歲的幼兒來說，如果常表現單獨功能遊戲、無所事事、旁觀或不停地轉換活動，那是不足為奇的。反之，若是一個四、五歲的孩子呈現很多這一類遊戲或行為時，可顯示其社會層次不高。此時成人要注意並提供或干預孩子的遊戲，視其需要教他遊戲技巧，以使他能有參與團體遊戲層次的能力。在這情況下，我們建議使用Howes的同儕遊戲檢核表，可更進一步地觀察幼兒社會遊戲技巧（後面內容再詳加介紹Howes同儕遊戲檢核表）。

第二，幼兒是否常做認知成熟性的遊戲？

成人常會期望四、五歲的幼兒做較多的建構或戲劇遊戲。假如在Parten/Piaget檢核表中，顯示年紀較長的學前幼兒，其記錄在功能遊戲欄內表現不良，便表示成人有必要做些干預，或是參與孩子的遊戲，如平行參與、共同參與、遊戲指導或做遊戲說明，以鼓勵幼兒從事建構或戲劇遊戲，以獲取此遊戲的經驗及其給孩子的好處。

此外，成人需注意孩子團體戲劇的類別，若一位四、五歲幼兒很少玩此一類被認為具發展意義的遊戲，成人可能要替孩子施予遊戲訓練，但在訓練實施前，要先以Smilansky社會戲劇遊戲量表（在下一章會有詳細的描述）來瞭解孩子在團體戲劇遊戲中，表現較好及較差的地方在哪裡。此外，在下一章的計分評量表中的Penn同儕遊戲互動量表（PIPPS）也是一個專門用來蒐集美國低收入黑人家庭之兒童社會遊戲技巧的有用工具。

## 專欄7-1

### Parten/Piaget之社會／認知檢核表分類之定意

**一、認知層次（Cognitive Levels）**

1.功能遊戲：重複性肌肉活動，可能是玩一種東西，但也可能沒有。例如：

(1)跳、跑。

(2)收拾或倒出東西。

(3)操弄玩物。

(4)無規則的遊戲（有點類似遊行）。

2.建構遊戲：使用些玩具（積木、樂高、堆疊套組玩具）或玩物（沙、黏土、顏料）來做一些東西。

3.戲劇遊戲：角色扮演及（或）想像轉換，例如：

(1)角色扮演：假裝為媽媽、爸爸、嬰兒、妖怪、司機或店員等。

(2)想像轉換：假裝在開車（用手臂揮動做開車狀）或使用筆來當針筒，做打針動作（物品的使用）。使用真

實物品的玩具模型（玩具車、玩具熨斗）並不算是戲劇遊戲，除非有角色取代或有想像轉換才算是戲劇遊戲。

4.規則遊戲：遵循可瞭解、認同及接受的規則來進行遊戲，如象棋、跳棋、井字遊戲等。

## 二、社會層次（Social Levels）

1.單獨遊戲：自己一個人玩玩物，與他人沒有交談等任何社會互動。

2.平行遊戲：與旁邊的小孩玩相同或類似的玩具和遊戲，但他們彼此卻沒有進一步交談。

3.團體遊戲：大家一起玩，當中有角色的分配、應用各種不同的玩物。

## 三、無所事事／旁觀／活動轉移

1.無所事事的行為：例如在室內東張西望，有時撥弄鈕扣，玩玩口袋，偶爾跟隨大人背後走動，卻不拿玩具玩。

2.旁觀：當其他孩子在玩時，他只在一旁觀看，偶爾向正在玩的孩子提供意見或交談，但自己不參與遊戲。

3.活動轉移：從一個遊戲活動轉到另一個遊戲活動。

## 四、非遊戲活動

必須套入既定模式的一些活動，如學習行為、教師指定的功課等。像塗色、做作業、電腦、教育玩具（蒙特梭利的穿鞋帶），通常被視為非遊戲的活動。

團體功能遊戲可兼具教育性及娛樂性

## 專欄 7-2

### 利用Parten/Piaget檢核表登錄遊戲行為

　　下列是利用Parten/Piaget檢核表來記錄遊戲行為的例子。共有十五種觀察行為，下面則是利用此檢核表的登錄類別：

1. 在娃娃家的兩個孩子都在玩煮飯的遊戲，準備晚餐。他們知道對方在做什麼，但兩人之間並沒有互動（平行—戲劇性遊戲）。

2. 幾個幼兒在教室中追來追去，彼此嬉鬧（團體—功能遊戲）。

3. 某一幼兒構築積木房子，沒有其他幼兒在一旁（單獨—建構遊戲）。

4. 有一些孩子在玩「倫敦鐵橋垮下來」（團體—規則遊

105

戲）。

5.三個幼兒在地板上用樂高排「無敵鐵金鋼」，三人都做同樣的活動，但彼此沒有互動（平行—建構遊戲）。

6.上述第五種活動中，幼兒利用「雷射槍」互相射擊，並假裝在打仗（團體—戲劇遊戲）。

7.一幼兒用玩具電話假裝自己在打電話（單獨—戲劇遊戲）。

8.一幼兒在娃娃家看其他孩子玩（旁觀行為）。

9.一些幼兒在圖書角看故事書（非遊戲活動）。

10.兩個幼兒在地板上用手推玩具，發出「隆隆」的聲響，彼此無互動及想像遊戲（平行—功能遊戲）。

11.三位孩子以醫院道具玩醫生、護士扮演遊戲，幼兒甲當醫生、乙當護士、丙是病人（團體—戲劇遊戲）。

12.一幼兒在地板上拍球，另一些孩子在一邊玩建構積木，並不參與這幼兒的活動（單獨—功能遊戲）。

13.一幼兒自己在教室內徘徊，沒有做特定的事（無所事事）。

14.一些幼兒以積木建築高速公路（團體—建構遊戲）。

15.兩個孩子在科學角餵黃金鼠吃東西（非遊戲活動）。

圖7-2是利用Parten/Piaget檢核表登錄以上的十五種行為，在正式應用中，應利用劃記方式而非用數字來描述。

| | 功能性 | 建構性 | 戲劇性 | 規則性 |
|---|---|---|---|---|
| 單獨 | （12）丟球 | （3）積木建構 | （7）打電話 | |
| 平行 | （10）推玩具車 | （5）建構鐵金鋼 | （1）準備晚餐 | |

| 團體 | （2）追逐 | （14）建構高速公路 | （6）機器人打仗<br>（11）醫院 | （4）倫敦鐵橋 |
|---|---|---|---|---|

| | 無所事事／旁觀／活動轉換 | 活動 |
|---|---|---|
| 非遊戲 | （8）看別人在娃娃家玩<br>（13）徘徊 | （9）看故事書<br>（15）餵黃金鼠 |

**圖7-2　Parten/Piaget之登錄例子記錄**

## 二、Howes同儕遊戲檢核表

　　Carollee Howes發展一個比Parten/Piaget之社會／認知更能仔細觀察幼兒之社會遊戲行為（Howes, 1980; Howes & Matheson, 1992）。Howes之同儕遊戲檢核表（Peer Play Scale, PPS）有兩個平行遊戲的種類：簡單平行遊戲（層次一）及彼此注意的平行遊戲（層次二）。此外，還有四個同儕互動遊戲層次：簡單社會遊戲（層次三）、共同意識的互補／互惠遊戲（層次四）、合作性社會假裝遊戲（層次五）及複雜的社會假裝遊戲（層次六）。請參考**專欄7-3**，進一步瞭解PPS六個層次之行為定義。

　　Howes（1980）檢核表的觀察程序與Parten/Piaget檢核表相同，為十五秒、間隔五秒。一旦幼兒的遊戲行為觀察完成後，由記錄表中可檢視幼兒社會遊戲行為的模式，每行的總計部分則可看出幼兒不同的社會行為層次。假如幼兒主要是玩平行遊戲，那麼可進一步觀察其是否有社會行為互換（層次三）產生，還是只有互補／互惠行為（層次四），或是有層次三、層次四兼具的互補／互惠，且以

社會行為互換的合作性社會假裝遊戲活動（層次五）。這檢核表可提供成人知道幼兒與同儕遊戲時需要哪些特別的幫助，如社會意識、社會溝通或與其他幼兒在一起遊戲的協調合作能力。

Howes之PPS檢核表著重在同儕遊戲的三個向度：(1)兒童社會互動之複雜性；(2)兒童互動之互補與互惠之程度；(3)在規劃及維持遊戲時，使用語言之程度。在PPS之層次一與層次二，遊戲行為是非社會性、非互惠性及非語文性。在轉換成高層次同儕互動之中間協調階段，兒童開始參與社會（層次三）及互惠活動（層次四），此時，兒童開始有許多語言之互動。在最高層次之社會互動，兒童融入社會戲劇遊戲，他們共同合作及扮演同一主題及腳本的社會假裝活動。在層次五之互動中，兒童的語言受限於其所扮演的角色做假裝溝通（pretend communication）；但在層次六，兒童可暫時停止所扮演角色之假裝溝通，並執行後設溝通（meta communication）之交換，可以讓整個遊戲重新規劃及組織，以便遊戲能有更高層次之社會互動。

**專欄 7-3**

## Howes同儕遊戲檢核表中，行為層次之定義

### 層次一：簡單平行遊戲

幼兒在三呎以內，一起玩相似的活動，彼此沒有眼神接觸或進一步社會行為。例如，幼兒在積木角各自以積木建構自己的模型，完全忽視他人的存在。

### 層次二：彼此注意的平行遊戲

幼兒互相靠近玩類似的活動，彼此有眼神的接觸（層次一加上眼神接觸）。例如，幼兒在積木角玩積木，除了各自建構自己的模型外，還會看別人的作品，彼此雖沒有社會互動，但意識到對方的存在，這時的幼兒常會模仿別人的作品或活動。

### 層次三：簡單社會遊戲

幼兒間有社會行為的互動。典型的行為包括語言溝通、提供、接受玩物、微笑、身體上的接觸及攻擊行為等，然而彼此的活動並無相互協調。例如，某幼兒可能對另一幼兒所做的積木建構表示讚美，如「好漂亮哦」，或是忽然從別人的積木中拿走一塊，或是打倒別人的積木而引起別人斥責、攻擊，甚至引起小爭吵。

### 層次四：共同意識的互補／互惠遊戲

幼兒從事一些活動，彼此行為有相互關聯。例如，有兩個幼兒彼此互換對方需要的積木，或二人共同用積木建構模型，彼此輪流加添積木，直到完成。在這層次的遊戲中，孩子並不交談或有其他社會互動交流的出現。

### 層次五：合作性社會假裝遊戲

幼兒有層次四互補／互惠的遊戲，以及層次三中的社會行為互動。例如，幼兒一起聯合建構積木模型，而且彼此有言語溝通。如幼兒甲對幼兒乙說：「不要把這塊積木放在這，它太小了。」或許多幼兒共同計畫活動主題、分派角色，共同合作扮演一虛構的故事（社會戲劇遊戲），例如，一個小孩扮演爸爸，另一個小孩扮演媽媽，在幫娃娃（積木假裝成）洗澡。

> **層次六：複雜的社會假裝遊戲**
>
> 　　兒童執行一具社會角色及情節的假裝扮演遊戲，並且有後設溝通的情節。後設溝通是兒童暫時離開其所扮演的角色，並且重新規劃遊戲情節再重新進行整個遊戲。例如，甲童停止扮演爸爸的角色，並要其中的一位兒童當他兒子，給他命名，並吩咐他要做什麼（分派角色），分配情節：「我是爸爸，你是小明，我們假裝在森林裡探險」；重新修正遊戲情節（我累了，不想煮飯了，我們去圖書館看書）；或要求別人進行遊戲行為（你不要買書了，你用借的就好）。
>
> 資料來源：源自Howes與Matheson（1992）。

　　我們已發展Howes同儕遊戲檢核表之記錄表格（**圖7-3**）。在此檢核表，我們也增加Parten之單獨遊戲以使整個社會遊戲皆能含括。此外，我們也將非遊戲活動或活動轉移等非遊戲活動加上，並增加在遊戲中是否有成人參與以及在哪一個角落玩，所玩的玩物為何。此檢核表與Parten/Piaget之社會／認知檢核表的使用相同，可以分別對特定兒童進行觀察及記錄，這是一個簡易、方便且可以廣泛瞭解兒童的社會互動的量表，其例子可參考**專欄7-4**。

　　同儕遊戲檢核表（PPS）希望特定的人在遊戲中採取隨機抽樣方式，對其與同儕社會互動之情形做一整體性掃描（Pellegrini, 1996）：第一，先決定要觀察之特定兒童，如同之前所述，先找到社會互動較少或層次較低（先由Parten/Piaget之社會／認知檢核表中找出）；其次，用系統方法觀察此目標的兒童，一段長時間來確信其同儕互動水準，將此兒童之遊戲記錄在此檢核表中，並可附加是

名字：＿＿＿＿＿＿＿＿＿＿＿＿＿＿＿＿＿　　觀察日期：＿＿＿＿＿＿＿＿＿＿＿＿＿＿＿＿

| 種類<br>時間 | 單獨<br>遊戲 | 簡單<br>平行<br>層次一 | 平行<br>遊戲<br>層次二 | 簡單<br>社會<br>性遊戲<br>層次三 | 共同<br>意識<br>互補<br>互惠<br>遊戲<br>層次四 | 合作性<br>社會假<br>裝遊戲<br>層次五 | 複雜性<br>社會假<br>裝遊戲<br>層次六 | 非遊戲<br>活動 | 旁觀／<br>無所事<br>事／活<br>動轉換 | 老師<br>參與<br>Yes=Y<br>No=N | 所使用<br>的玩物<br>及在哪<br>一個角<br>落 |
|---|---|---|---|---|---|---|---|---|---|---|---|
| 1 | | | | | | | | | | | |
| 2 | | | | | | | | | | | |
| 3 | | | | | | | | | | | |
| 4 | | | | | | | | | | | |
| 5 | | | | | | | | | | | |
| 6 | | | | | | | | | | | |
| 7 | | | | | | | | | | | |
| 8 | | | | | | | | | | | |
| 9 | | | | | | | | | | | |
| 10 | | | | | | | | | | | |
| 11 | | | | | | | | | | | |
| 12 | | | | | | | | | | | |
| 13 | | | | | | | | | | | |
| 14 | | | | | | | | | | | |
| 15 | | | | | | | | | | | |
| Total | | | | | | | | | | | |

### 圖7-3　Howes同儕遊戲檢核表記錄

資料來源：摘自Howes & Matheson (1992).

專欄 7-4

## 如何應用Howes同儕遊戲檢核表登錄遊戲行為

| 所觀察到的行為 | 登錄方法 |
|---|---|
| 1.兩位孩子在教室中靠在一起玩卡車,但其玩的路徑並不相同。其中一個幼兒在搜尋另一位孩子,直到找到後才又回原來地方玩卡車。 | 這可被登錄為層次二:彼此意識的平行遊戲。因目標幼兒顯現對另一幼兒的注意。如果沒有找尋幼兒的舉動,便記為簡單的平行遊戲。 |
| 2.兩位幼兒在積木角一起建搭房子,並互相指示對方使用哪塊積木和要放什麼地方。 | 層次五:合作性社會假裝遊戲。因為他們正在一起玩,且彼此有交談。若他們只是一起玩而無交談,則屬於共同意識互補/互惠遊戲。 |
| 3.在戲劇角,有一男孩正坐在椅子上,讓另一孩子假裝替他剪頭髮,兩人並沒有語言上的溝通。 | 屬於層次四的共同意識互補/互惠遊戲。因為這兩位幼兒雖然彼此知道對方扮演的角色而一起玩,但沒有語言上的溝通及社會互補。如彼此有交談,或一幼兒拿鏡子給另一幼兒看頭髮剪好的樣子,那便成為層次五的互補/互惠社會遊戲了。 |
| 4.兩位女孩坐在一起各自玩拼圖,其中有甲幼兒對著乙幼兒說:「我不會拼。」乙幼兒回答他:「只要繼續把所有的小片試著都湊在一起便行了。」 | 登錄為層次三:簡單社會遊戲。雖兩人有社會交談,但彼此各自玩自己的拼圖(不同於兩人玩同一拼圖,是為互補/互惠社會遊戲)。若幼兒乙放下自己的拼圖而去幫幼兒甲,那可登錄為層次五(彼此有交談),或是層次四(沒有交談)。 |

否有成人共同參與及在哪裡玩，玩什麼玩物；最後，再用統計計量計算其百分比並作圖，呈現其遊戲行為層次的比例。

在記錄表中可以記錄兒童六個層次之社會互動情形及技巧。假如兒童僅參與平行遊戲，那成人可進一步推測：兒童是沒有社會意識（層次一）或有社會意識（層次二）。假如兒童有參與團體遊戲，他們僅是有語言之社會互動（層次三）或有共同意識之互補／互惠行為（層次四）。假如兒童參與社會戲劇遊戲，他們僅是用語言作假裝互動（層次五）或他們可使用後設溝通來加以重新規劃及組織情節（層次六）。這個檢核表可幫助成人瞭解兒童是否具有社會意識、互惠之互動及後設溝通之能力。

整個檢核表的排（列）的部分也對瞭解幼兒社會行為有所幫助。由每一排中可顯示孩子在玩高層次的遊戲時：(1)老師是否有參與；(2)幼兒在教室中哪個區域玩；(3)孩子玩哪些玩物。這些資料對加強幼兒社會遊戲都很有幫助，例如，老師由檢核表中發現孩子只是偶爾玩一些社會遊戲，並常常是在娃娃家才會表現這些行為，那老師可多鼓勵孩子在娃娃家玩，並玩久一點，無形之中可鼓勵孩子或加強孩子的社會行為。若有幼兒只有老師在其身邊或老師在場時，他才出現一些社會遊戲行為，那可運用遊戲指導及成人直接干預的方法，改善孩子遊戲的社會層次，鼓勵孩子的社會技巧及遊戲行為的方法。

### 三、家庭托育服務環境安全檢核表

家庭托育服務環境安全檢核表（**表7-2**）內容係依據嬰幼兒生活作息所需之活動空間而設計，計六大檢核類別，各再分為「環境設

施」與「照護行為」兩大部分。環境設施檢核項目係依環境硬體之設施、設備安全而設計；照護行為檢核項目則包含嬰幼兒照護者之安全行為及照護習慣的相關事項，以達到意外防範之目的。六大檢核項目如下：

1. 整體環境：家庭整體環境為家庭托育服務之主要活動區評核項目，為兼顧不同住屋形式，檢核項目包含地板、樓梯、門、窗、電器用品、逃生設備等一般居家環境之基本設施設備。

2. 睡眠環境：為提供保障嬰幼兒健康安全及睡眠品質的環境，檢核項目包含嬰幼兒睡床、寢具安全、睡眠位置安排及照護行為。

3. 清潔環境：以嬰幼兒換尿布、洗澡等身體部分的清潔區為主要評核項目，以及生活護理所需之物品、設施、設備之安全布置及照護行為作為檢核項目，包含防滑設施、馬桶、盥洗器具、沐浴用品及嬰幼兒衣物等。

4. 餵食環境：以嬰幼兒食品備製、哺育及餵食所需之物品、設施、設備之安全布置及照護行為作為檢核項目，包含廚房、調奶台、餵食區之設備、餐用具及哺育用品。

5. 遊戲環境：以滿足嬰幼兒室內及戶外遊戲所需之相關設施與設備之安全辨識、選擇及使用方式作為檢核項目及內容，包含手推車、學步車、玩具、圖書及戶外遊戲設施等。

6. 管理環境：家庭托育服務設置管理環境之目的，為提升托育服務之專業品質及安全管理效率，並可達成安全環境維護、意外事件預防及專業成長之落實，檢核項目包含空間規劃、緊急意外事件處理及安檢記錄等。

## 表7-2　家庭托育服務環境安全檢核表

| 一、整體環境 | | | | | |
|---|---|---|---|---|---|
| (一)環境設施 | | | | | |
| 檢核項目 | | 檢核內容 | 是 | 否 | 無此項目 |
| 1-1-1 | 電梯 | (1)維修狀況良好。 | | | |
| | | (2)電梯門設有碰觸到人會自動彈回的裝置。 | | | |
| 1-1-2 | 門 | (1)無裂隙及鬆動。 | | | |
| | | (2)室外門設有嬰幼兒無法自行開啟之門鎖。 | | | |
| | | (3)室外門裝設無破損紗門（或加裝紗窗）。 | | | |
| | | (4)門邊加裝不影響開關之泡綿軟墊。 | | | |
| | | (5)室內門有不能反鎖的安全裝置（或備有鑰匙）。 | | | |
| 1-1-3 | 陽台 | (1)有堅固圍欄（圍牆）且高度85公分以上。 | | | |
| | | (2)陽台圍欄（圍牆）底部與地面間隔低於15公分，欄杆間隔小於6公分（或加裝安全圍網）。 | | | |
| | | (3)陽台圍欄（圍牆）無破損或老舊鬆動、掉漆、搖晃等現象。 | | | |
| | | (4)陽台前無放置可攀爬的家具、玩具、花盆等雜物。 | | | |
| 1-1-4 | 地板 | (1)平坦不滑（或鋪設易於清潔的軟墊）。 | | | |
| | | (2)乾燥清潔。 | | | |
| | | (3)不同地面的接觸處，有經安全設計與管理。 | | | |
| 1-1-5 | 牆壁 | (1)突出之牆角加裝防撞裝置（如泡綿）。 | | | |
| | | (2)壁面無危險突出物（如釘子）。 | | | |
| | | (3)使用牢固之安全掛勾。 | | | |
| | | (4)懸掛之物品高於150公分以上，且堅固不易脫落。 | | | |
| 1-1-6 | 窗戶 | (1)窗戶裝有紗窗。 | | | |
| | | (2)紗窗無破損、乾淨清潔。 | | | |
| | | (3)對外窗戶設有85公分以上，間距小於6公分之護欄（或加鎖且鑰匙置於嬰幼兒無法取得的明顯固定位置） | | | |
| | | (4)窗前無放置可攀爬的家具、玩具及其他雜物。 | | | |

（續）表7-2　家庭托育服務環境安全檢核表

| 檢核項目 | | 檢核內容 | 是 | 否 | 無此項目 |
|---|---|---|---|---|---|
| 1-1-6 | 窗戶 | (5)透明落地坡璃窗於大人及嬰幼兒視線高度處貼有清楚易見之標識（如花紋貼紙）。 | | | |
| | | (6)窗簾或百葉窗拉繩長度及收線器位置為幼兒無法碰觸的高度。 | | | |
| 1-1-7 | 室內樓梯 | (1)樓梯間的燈光明亮。 | | | |
| | | (2)樓梯間設有「停電照明燈」裝置。 | | | |
| | | (3)樓梯燈的開關有夜間自動辨識裝置。 | | | |
| | | (4)樓梯間無任何雜物。 | | | |
| | | (5)樓梯間的牆壁及臺階面維護良好。 | | | |
| | | (6)樓梯設有幼兒容易扶握之扶手（或兩邊都有牆壁）。 | | | |
| | | (7)樓梯欄杆完好且堅固。 | | | |
| | | (8)樓梯欄杆間距應小於6公分（或加裝安全網繩）。 | | | |
| | | (9)樓梯的臺階高度及深度一致。 | | | |
| | | (10)樓梯的臺階鋪設有防滑條。 | | | |
| | | (11)樓梯最上層有緩衝空間（或房門向內開啟）。 | | | |
| | | (12)樓梯出入口設有高於85公分，間隔小於6公分及幼兒不易開啟之穩固柵欄。 | | | |
| 1-1-8 | 家具設施 | (1)家具外觀狀況良好（如無鬆脫、掉漆等）。 | | | |
| | | (2)家具平穩牢固，不易翻倒。 | | | |
| | | (3)家具凸角或銳利邊緣已做安全處理（如加裝桌角蓋）。 | | | |
| | | (4)滑輪家具設有固定器。 | | | |
| | | (5)沙發座椅靠牆放置。 | | | |
| | | (6)櫃子、書架上方無放置重物。 | | | |
| | | (7)櫥櫃（壁櫥）加裝幼兒不易開啟之裝置。 | | | |
| | | (8)家具之把手直徑或長度大於3公分。 | | | |
| | | (9)抽屜加裝幼兒不易開啟之安全釦環（或上鎖）。 | | | |
| | | (10)餐桌或茶几未鋪桌巾。 | | | |
| | | (11)摺疊家具（桌椅、梯子、邊馬）置於幼兒無法觸碰的地方。 | | | |

（續）表7-2　家庭托育服務環境安全檢核表

| 檢核項目 | | 檢核內容 | 是 | 否 | 無此項目 |
|---|---|---|---|---|---|
| 1-1-9 | 電器用品 | (1)密閉電器（如洗衣機、烘乾機、冰箱等）加裝安全鎖（或放置位置遠離嬰幼兒）。 | | | |
| | | (2)座立式檯燈、飲水機、熱水瓶、微波爐、烤箱、電熨斗、電熱器、捕蚊燈置於嬰幼兒無法觸碰的地方。 | | | |
| | | (3)電熱器（電暖爐）周圍無易燃物（如衣服、地毯、桌巾、書報等）。 | | | |
| | | (4)電扇具「碰觸即停」功能（或有細格防護網）。 | | | |
| 1-1-10 | 電線、插座 | (1)外觀完整無破損。 | | | |
| | | (2)插頭、插座固定未搖晃、鬆動。 | | | |
| | | (3)插座及電線以固定、隱藏或以置高方式處理（如以沉重家具擋住或置高於110公分）。 | | | |
| | | (4)同一插座無同時加插負電量大之電器（如洗衣機、烘衣機、電熱器等）。 | | | |
| | | (5)加裝安全保護蓋於未使用之插座（插孔）。 | | | |
| 1-1-11 | 瓦斯、熱水器 | (1)瓦斯桶、熱水器裝設在室外通風良好處。 | | | |
| | | (2)裝設瓦斯防漏偵測器。 | | | |
| 1-1-12 | 消防設施 | (1)每一樓層至少裝置一個側煙器。 | | | |
| | | (2)備有使用期限內之滅火器。 | | | |
| | | (3)滅火器置於成人易取得，幼兒無法碰觸的地方。 | | | |
| | | (4)高層樓（10樓以上）設有自動灑水器。 | | | |
| 1-1-13 | 物品收納 | (1)維修工具、尖利刀器、易燃物品、電池、零碎物件、化妝飾品、塑膠袋等危險物品收納於幼兒無法碰觸的地方。 | | | |
| | | (2)含毒溶劑（如清潔劑、殺蟲劑、鹼水、酒精飲料等）外瓶貼有明顯的標籤及成分。 | | | |
| | | (3)含毒溶劑及藥品與食物分開存放。 | | | |
| | | (4)含毒溶劑、保健食品及藥品收納於幼兒無法碰觸的地方。 | | | |

幼兒行為觀察與記錄

（續）表7-2　家庭托育服務環境安全檢核表

| 檢核項目 | | 檢核內容 | 是 | 否 | 無此項目 |
|---|---|---|---|---|---|
| 1-1-13 | 物品收納 | (5)含毒觀賞盆栽（如黃金葛、萬年青、聖誕紅、杜鵑、劍蘭等）置於幼兒無法碰觸的地方。 | | | |
| | | (6)加蓋大型容器（如水桶）置於幼兒無法碰觸的地方。 | | | |
| (二)照護行為 | | | | | |
| 1-2-1 | 門 | (1)室外門隨時上鎖。 | | | |
| | | (2)門開啟後，以門擋固定。 | | | |
| 1-2-2 | 動線安排 | 經常走動的路線上無家具、雜物、玩具、遊具。 | | | |
| 1-2-3 | 電器用品 | (1)燈泡不作照明以外的用途（如烘乾衣物等）。 | | | |
| | | (2)電扇置於平穩處，且電線妥善收藏。 | | | |
| | | (3)電線、插座經常清理積汙及塵埃。 | | | |
| | | (4)電器不使用時，將插頭拔掉並妥善收存。 | | | |
| 1-2-4 | 消防設施 | (1)能正確使用滅火器。 | | | |
| | | (2)不在嬰幼兒活動室內抽菸 | | | |
| 1-2-5 | 物品收納 | (1)過期電池立即丟棄（避免漏液灼傷眼睛）。 | | | |
| | | (2)含毒溶劑及藥品不以食品容器（例如汽水瓶、杯碗等）盛裝。 | | | |
| | | (3)家中若有大型容器（如浴缸、水桶等），無人使用時不可儲水。 | | | |
| | | (4)物品使用完畢隨時收納。 | | | |
| 1-2-6 | 垃圾筒 | (1)垃圾隨時清理，按時傾倒。 | | | |
| | | (2)危險物品（如玻璃碎片等）應包裹緊密後，置於筒內。 | | | |
| | | (3)加蓋垃圾筒（含腳踏式垃圾筒）隨時將蓋子蓋好。 | | | |
| | | (4)垃圾筒經常清洗，保持乾淨。 | | | |
| 1-2-7 | 寵物飼養 | (1)飼養經獸醫檢驗合格，及對嬰幼兒健康無礙之寵物。 | | | |
| | | (2)定期接受疫苗接種及病蟲和跳蚤防治處理。 | | | |
| | | (3)排泄物及毛髮清理乾淨無異味。 | | | |
| | | (4)隨時看護與寵物相處之嬰幼兒。 | | | |

（續）表7-2　家庭托育服務環境安全檢核表

| 檢核項目 | | 檢核內容 | 是 | 否 | 無此項目 |
|---|---|---|---|---|---|
| 二、睡眠環境 | | | | | |
| (一)環境設施 | | | | | |
| 2-1-1 | 嬰幼兒睡床 | (1)嬰幼兒有個人專屬睡床。 | | | |
| | | (2)外觀無掉漆、剝落、生鏽等狀況。 | | | |
| | | (3)穩固無鬆動現象。 | | | |
| | | (4)邊緣及圍欄做圓角處理，間隙小於6公分。 | | | |
| | | (5)開關式柵欄及床板設有堅固卡榫。 | | | |
| | | (6)床墊與床架四周密合。 | | | |
| | | (7)周邊鋪設防撞軟墊。 | | | |
| | | (8)嬰幼兒睡床之附屬配件或自行加裝之附件穩固。 | | | |
| | | (9)睡床大小符合嬰幼兒尺寸。 | | | |
| 2-1-2 | 嬰幼兒睡眠區域 | (1)遠離電器用品（如冷氣機、電熱器、電視、電腦、音響、冰箱、微波爐）。 | | | |
| | | (2)遠離窗戶。 | | | |
| | | (3)刺眼光線無直射嬰幼兒睡眠區域。 | | | |
| | | (4)應通風良好。 | | | |
| 2-1-3 | 嬰幼兒寢具 | (1)嬰幼兒有個人專屬寢具。 | | | |
| | | (2)寢具棉絮不外露，拉鍊（鈕釦）牢固無鬆脫，並維持乾淨。 | | | |
| (二)照護行為 | | | | | |
| 2-2-1 | 嬰幼兒睡床 | (1)床板的位置高度隨嬰幼兒成長而做調整。 | | | |
| | | (2)移開床內有助於攀爬的大型玩具。 | | | |
| | | (3)床內未散落玩具。 | | | |
| | | (4)已能攀扶站立嬰幼兒的睡床上方或床邊未垂掛玩具、裝飾品及繫繩的奶嘴。 | | | |
| | | (5)毛毯或浴巾不掛在小床邊。 | | | |
| 2-2-2 | 嬰幼兒睡眠安全 | (1)嬰幼兒睡眠區域設置於成人聽力範圍之內，避開人來人往的吵嚷房間或走道。 | | | |
| | | (2)2位以上嬰幼兒睡於同一睡床（和室房）時，需保持一定距離（如30公分以上），且彼此頭腳不同方向，以避免交互感染。 | | | |

（續）表7-2　家庭托育服務環境安全檢核表

| 檢核項目 | | 檢核內容 | 是 | 否 | 無此項目 |
|---|---|---|---|---|---|
| 2-2-2 | 嬰幼兒睡眠安全 | (3)嬰幼兒未睡在危險區域（如雙層床的上層、沙發等）。 | | | |
| | | (4)隨時看顧睡眠中之嬰幼兒。 | | | |
| **三、清潔環境** | | | | | |
| **(一)環境設施** | | | | | |
| 3-1-1 | 防滑設施 | (1)浴室內鋪設防滑墊（或防滑地磚）及門外鋪設吸水及防滑踏墊，浴室地板應保持乾燥。 | | | |
| | | (2)備有嬰幼兒防滑浴盆或在浴缸內鋪設防滑墊。 | | | |
| | | (3)洗手台、馬桶前設有調整高度用之防滑板凳。 | | | |
| 3-1-2 | 洗手台及浴缸 | (1)嬰幼兒浴盆栓子置放於嬰幼兒無法碰觸的地方。 | | | |
| | | (2)洗手台穩固。 | | | |
| | | (3)洗手台外觀完整無破損。 | | | |
| | | (4)冷熱水有明顯的標示。 | | | |
| | | (5)浴缸旁設置扶手。 | | | |
| 3-1-3 | 馬桶 | (1)設有符合幼兒尺寸的馬桶（或成人馬桶加裝輔具）。 | | | |
| | | (2)馬桶蓋及座圈無裂縫或鬆動。 | | | |
| | | (3)放衛生紙垃圾桶應加蓋，並時常清潔。 | | | |
| 3-1-4 | 沐浴用品 | 備有嬰幼兒適用的沐浴用品（如浴盆、肥皂、沐浴乳與護膚油等）。 | | | |
| 3-1-5 | 嬰幼兒衣物 | (1)無破損、脫線的狀況。 | | | |
| | | (2)腰圍、領圍、袖口及鬆緊帶適當寬鬆。 | | | |
| | | (3)細長配件（如領巾或腰帶）不超過15公分。 | | | |
| | | (4)尺寸大小切合嬰幼兒身高體重，且不防礙肢體動作。 | | | |
| | | (5)鞋襪大小有一指的寬鬆度，並有防滑底面。 | | | |
| **(二)照護行為** | | | | | |
| 3-2-1 | 浴室門 | 浴室門隨時緊閉（或設置安全護欄）。 | | | |

（續）表7-2　家庭托育服務環境安全檢核表

| 檢核項目 | | 檢核內容 | 是 | 否 | 無此項目 |
|---|---|---|---|---|---|
| 3-2-2 | 洗手台<br>浴缸 | (1)沐浴清潔區與食物調製區，有各自獨立使用的水龍頭。 | | | |
| | | (2)肥皂（洗手乳）放置在成人雙手可及範圍，且嬰幼兒不易取得。 | | | |
| | | (3)設有自動調溫裝置的水龍頭應定溫在50℃以下。 | | | |
| | | (4)放水順序為先開冷水，再開熱水（避免幼兒觸及水管或水龍頭而燙傷）。 | | | |
| | | (5)無成人看護時，嬰幼兒不得單獨在浴缸內。 | | | |
| 3-2-3 | 換尿布台<br>（區域） | (1)所有嬰幼兒個人清潔用品放置在成人雙手可及範圍（櫥櫃內），且嬰幼兒不易取得。 | | | |
| | | (2)每次用畢後，立刻清潔消毒台面或襯墊。 | | | |
| 3-2-4 | 吹風機 | (1)不在潮濕的浴室使用。 | | | |
| | | (2)使用時溫度定在熱風之最低溫。 | | | |
| | | (3)使用於離嬰幼兒頭部20至25公分處，並保持吹風機移動（避免固定吹某一部位，造成灼傷）。 | | | |
| 四、餵食環境 | | | | | |
| (一)環境設施 | | | | | |
| 4-1-1 | 廚房 | (1)廚房出入口設置安全護欄（或透明門）。 | | | |
| | | (2)櫥櫃及抽屜加裝安全鎖（或幼兒無法開啟之裝置）。 | | | |
| | | (3)瓦斯爐設有嬰幼兒無法自行開啟之開關。 | | | |
| | | (4)使用加蓋垃圾筒。 | | | |
| 4-1-2 | 調奶台 | (1)備有嬰幼兒專用之固定調奶台（如桌子或平台）擺設熱水瓶、蒸奶瓶器、奶粉罐、奶瓶等調奶器具。 | | | |
| | | (2)設置於嬰幼兒無法碰觸的地方。 | | | |
| 4-1-3 | 餵食椅 | (1)備有符合嬰幼兒尺寸之專用餵食椅。 | | | |
| | | (2)重心穩固，備有安全繫帶。 | | | |
| | | (3)椅面材質易清洗。 | | | |
| | | (4)備有非掀背式活動桌面（或活動桌面繫牢）。 | | | |

幼兒行為觀察與記錄

（續）表7-2　家庭托育服務環境安全檢核表

| 檢核項目 | | 檢核內容 | 是 | 否 | 無此項目 |
|---|---|---|---|---|---|
| 4-1-4 | 餐具 | (1)符合嬰幼兒尺寸之個人專用餐具。 | | | |
| | | (2)材質耐熱、平滑不粗糙、易清洗。 | | | |
| | | (3)餐具外表乾淨、完整無缺。 | | | |
| | | (4)餐具收納於乾淨、有蓋（門）之容器（櫥櫃）內。 | | | |
| (二)照護行為 | | | | | |
| 4-2-1 | 廚房 | (1)廚房地面隨時保持乾燥。 | | | |
| | | (2)成人在廚房時，嬰幼兒需在視線範圍內。 | | | |
| | | (3)較輕、危險的物品放置嬰幼兒無法拿到的上層櫥櫃（或抽屜）。 | | | |
| | | (4)體積大、較重、不具危險性的物品，放置在容易拿取的低層櫥櫃（或抽屜）。 | | | |
| 4-2-2 | 調奶台 | 熱水瓶使用後隨手調為「止水」的狀態。 | | | |
| 4-2-3 | 餵食椅 | (1)置於平穩處。 | | | |
| | | (2)使用後立即清理。 | | | |
| 4-2-4 | 餐具 | (1)餐具尺寸符合嬰幼兒動作能力。 | | | |
| | | (2)使用有標示耐熱溫度度數之素色餐具盛裝熱食。 | | | |
| | | (3)使用天然植物成分的清潔劑，清洗嬰幼兒餐具並澈底沖淨。 | | | |
| 4-2-5 | 哺育用品（奶嘴、奶瓶、奶蓋、奶圈、鉗子） | (1)餵食1歲內嬰兒之哺育用品，使用後澈底刷洗並消毒完全（如滾沸消毒15分鐘，蒸氣消毒30分鐘）。 | | | |
| | | (2)使用鉗子夾取消毒過的哺育用品，並在使用後澈底清洗且消毒完全。 | | | |
| | | (3)1歲內嬰兒之哺育用品消毒過後，若24小時之內未使用，則須重新消毒使用。 | | | |
| | | (4)奶瓶乾淨無裂痕。 | | | |
| | | (5)使用孔洞合適的奶嘴。 | | | |
| | | (6)奶嘴有變質、變硬、老化或吸孔太大時，應汰舊換新（平均每一個半月至三個月更新一次）。 | | | |

（續）表7-2　家庭托育服務環境安全檢核表

| 檢核項目 | | 檢核內容 | 是 | 否 | 無此項目 |
|---|---|---|---|---|---|
| 4-2-5 | 哺育用品（奶嘴、奶瓶、奶蓋、奶圈、鉗子） | (7)奶嘴（安撫奶嘴）保持乾淨無破損，並以蓋子蓋起來，確保清潔。 | | | |
| | | (8)安撫奶嘴以安全別針固定（奶嘴固定帶短於15公分）。 | | | |
| 4-2-6 | 微波爐 | (1)以專用器皿依使用規則加熱嬰幼兒食品。 | | | |
| | | (2)加熱過食品，先攪勻試溫後再餵食。 | | | |
| | | (3)勿讓幼兒自行開啟加熱過之袋裝食品，避免熱氣造成灼傷（儘量避免使用微波爐加熱嬰幼兒食品）。 | | | |
| | | (4)使用微波爐時勿直視，孩子需距離1公尺以上。 | | | |
| 4-2-7 | 熱食 | (1)熱湯鍋與菜餚置於幼兒無法觸碰之位置。 | | | |
| | | (2)熱湯、菜餚待溫度適中後，再餵食嬰幼兒，勿以嘴巴吹冷。 | | | |
| | | (3)成人飲用熱飲時，與嬰幼兒保持距離避免碰撞。 | | | |
| 4-2-8 | 飲用水 | (1)使用衛生並煮沸的飲用水。 | | | |
| | | (2)飲用溫度適中的飲用水。 | | | |
| 4-2-9 | 嬰幼兒食品 | (1)先檢視食物保存期限再餵食嬰幼兒。 | | | |
| | | (2)冰箱內生食與熟食分開置放。 | | | |
| 五、遊戲環境 | | | | | |
| (一)環境設施 | | | | | |
| 5-1-1 | 手推嬰幼兒車 | (1)具標準檢驗局檢驗合格標識，並附使用方法、注意事項、特殊警告等標示。 | | | |
| | | (2)外表乾淨，無銳利邊緣、突出物、塗漆剝落、破損等狀況。 | | | |
| | | (3)具有煞車或掣動系統。 | | | |
| | | (4)篷罩使用透氣材質。 | | | |
| 5-1-2 | 學步車（不建議使用） | (1)具標準檢驗局檢驗合格標識，並附使用方法、注意事項、特殊警告等標示。 | | | |
| | | (2)外表乾淨、無銳利邊緣、突出物、塗漆剝落、破損等狀況。 | | | |
| | | (3)乘坐高度為嬰幼兒雙腳可觸及地面。 | | | |
| | | (4)附設玩具固定，外表乾淨完整。 | | | |

（續）表7-2　家庭托育服務環境安全檢核表

| 檢核項目 | | 檢核內容 | 是 | 否 | 無此項目 |
|---|---|---|---|---|---|
| 5-1-3 | 騎乘玩具（如三輪車、搖馬車） | (1)具標準檢驗局檢驗合格標識。 | | | |
| | | (2)外表乾淨完整，無銳利邊緣、突出物、塗漆剝落、破損。 | | | |
| | | (3)重心穩固，載重量符合，嬰幼兒雙腳可適當觸及地面。 | | | |
| | | (4)有輪玩具之車輪與車體間的縫隙小於0.5公分或大1.5公分。 | | | |
| | | (5)有輪玩具之鏈條加有防護蓋。 | | | |
| 5-1-4 | 玩具安全 | (1)玩具外表乾淨，無銳利邊緣、突出物、塗漆剝落、破損、掉毛、接合處脫線或裂開等狀況。 | | | |
| | | (2)玩具有ST安全玩具標識。 | | | |
| | | (3)玩具附件、材料（如串珠）之直徑大於3公分或長度大於5公分。 | | | |
| | | (4)玩具無刺耳聲或巨響。 | | | |
| | | (5)玩具電線或繩子長度不超過30公分。 | | | |
| | | (6)玩具電池盒牢固及電池不易取出。 | | | |
| | | (7)美勞材料無毒性。 | | | |
| | | (8)使用鈍頭剪刀。 | | | |
| | | (9)玩具鏡子為塑膠亮面，不易破碎且無尖銳邊緣。 | | | |
| 5-1-5 | 圖畫書 | (1)外表乾淨、狀況良好，無破損。 | | | |
| | | (2)材質不易褪色。 | | | |
| 5-1-6 | 玩具收納 | (1)以開架式矮櫃或無蓋（或輕巧盒蓋）箱或盒子收納玩具。 | | | |
| | | (2)體積大、重量重之玩具置於收納櫃（箱）之下方。 | | | |
| | | (3)收納盒外表乾淨，無銳利邊緣、突出物、破損、接合處裂開等狀況。 | | | |
| (二)照護行為 | | | | | |
| 5-2-1 | 手推嬰幼兒車 | (1)嬰幼兒乘坐人數依廠商規定，不超載。 | | | |
| | | (2)安全帶或束縛系統確實扣合。 | | | |
| | | (3)有成人隨時看護並注意其安全，並避免嬰幼兒站立於手推車中。 | | | |

（續）表7-2　家庭托育服務環境安全檢核表

| 檢核項目 | | 檢核內容 | 是 | 否 | 無此項目 |
|---|---|---|---|---|---|
| 5-2-1 | 手推嬰幼兒車 | (4)使用可折疊之手推車前，應確實豎立及固定各機件。 | | | |
| | | (5)使用置物架或掛勾設計之手推車時，物品重量遵照廠商訂定之限制。 | | | |
| | | (6)不附載或加裝其他非手推車原有設計的嬰幼兒物品或其他附件於推車上。 | | | |
| | | (7)具有玩具附件之手推車，應符合玩具安全，並防止嬰幼兒吞食或不當使用玩具。 | | | |
| | | (8)避免於樓梯間內、手扶電梯上使用。 | | | |
| | | (9)避免放置於馬路、坡道，或接近高溫、水池或電源等危險場所。 | | | |
| | | (10)嬰幼兒乘坐於手推車內時，成人不可將整個車台往上提或調整車台機件。 | | | |
| 5-2-2 | 學步車（不建議使用） | (1)使用於八至十五個月以下的嬰幼兒。 | | | |
| | | (2)每次乘坐不超過30分鐘，並須有成人看護。 | | | |
| | | (3)使用於平坦地面，並遠離樓梯、門檻、斜坡、火爐、電熱器等危險位置。 | | | |
| | | (4)嬰幼兒乘坐學步車時，成人不可將整個車台往上提或調整車台機件。 | | | |
| 5-2-3 | 戶外遊戲設施選擇 | (1)為嬰幼兒選擇安全及清潔的遊戲設施及遊具。 | | | |
| | | (2)遊具設施下的地面鋪設有足夠厚度之防跌緩衝物（軟墊、細沙或鋸屑等）。 | | | |
| | | (3)遊具基座牢固，本體無粗糙表面、尖銳邊角、鏽蝕、掉漆、損壞、異音、鬆脫、繩索、勾環、鍊子、螺絲無鬆脫或纏結。 | | | |
| | | (4)金屬遊具有遮蔽設備，以防止陽光直射，灼傷幼兒。 | | | |
| | | (5)鞦韆座椅和鏈線條的接合處有塑膠管覆蓋。 | | | |
| | | (6)高於50公分之攀爬架平台設有護欄。 | | | |
| | | (7)遊具四周無積水或障礙物（如石頭、樹根、碎玻璃、異物等）。 | | | |
| | | (8)周邊無空調主機、電線、變電器等危險電源。 | | | |

（續）表7-2　家庭托育服務環境安全檢核表

| 檢核項目 | | 檢核內容 | 是 | 否 | 無此項目 |
|---|---|---|---|---|---|
| 5-2-3 | 戶外遊戲設施選擇 | (9)草坪、灌木叢平整修剪。 | | | |
| | | (10)避免讓幼兒觸碰有毒植物（如夾竹桃、聖誕紅、杜鵑等）。 | | | |
| | | (11)嬰幼兒之衣著適當（如無過長圍巾、裙子等）。 | | | |
| | | (12)隨時看顧遊戲中之嬰幼兒。 | | | |
| 六、管理環境 | | | | | |
| (一)環境設施 | | | | | |
| 6-1-1 | 空間規劃 | (1)有成人隨時易於看顧的開放式嬰幼兒活動空間。 | | | |
| | | (2)有足夠嬰幼兒四處活動的寬敞空間（依室內活動人數而定）。 | | | |
| | | (3)光線明亮（照明度約為350LUX）。 | | | |
| 6-1-2 | 緊急意外事件處理 | (1)托兒專屬緊急聯絡電話表（如家長、醫院、警察單位、早期療育及兒童保護機構）置於固定明顯處。 | | | |
| | | (2)急救程序圖表張貼於固定明顯處。 | | | |
| | | (3)備有未過期急救用品*之急救箱。 | | | |
| | | (4)急救箱置放於成人易取得，嬰幼兒無法碰觸的地方。 | | | |
| 6-1-3 | 逃生規劃與動線 | (1)規劃有緊急逃生路線及逃生計畫。 | | | |
| | | (2)逃生動線順暢、所有出入口或走廊都有清楚的標示。 | | | |
| | | (3)「緊急逃生路線圖」及「地震避難位置圖」張貼於明顯處。 | | | |
| 6-1-4 | 緊急逃生包 | (1)備有嬰幼兒專屬緊急逃生包（內含未過期急救用品、水、紙尿布、溼紙巾、乾糧、奶粉、登山用錫箔毯等）。 | | | |
| | | (2)緊急逃生包置於成人易取得，嬰幼兒無法碰觸的地方。 | | | |

（續）表7-2　家庭托育服務環境安全檢核表

| 檢核項目 | | 檢核內容 | 是 | 否 | 無此項目 |
|---|---|---|---|---|---|
| 6-1-5 | 檢修及更新記錄 | (1)備有鐵捲門、滅火器、測煙器、自動灑水器、瓦斯防漏偵測器等警報設備檢修紀錄。 | | | |
| | | (2)備有緊急聯絡電話表確認紀錄。 | | | |
| | | (3)備有急救及逃生用品更換與補充紀錄。 | | | |
| (二)照護行為 | | | | | |
| 6-2-1 | 相關紀錄 | (1)備有嬰幼兒生活作息紀錄，並告知家長。 | | | |
| | | (2)備有托兒用藥時間、劑量及方式紀錄，並告知家長。 | | | |
| | | (3)備有與家長聯絡事項紀錄。 | | | |
| 6-2-2 | 獨立空間 | (1)設有固定及獨立空間（如特定櫃子、書桌抽屜、檔案夾等），分類存放各類資料表格，便於收納取得。 | | | |
| 6-2-3 | 安全演練 | (1)經常演練居家逃生及地震避難路線。 | | | |
| | | (2)經常演練嬰幼兒人工心肺復甦術。 | | | |
| 6-2-4 | 專業倫理 | (1)定期健康檢查。 | | | |
| | | (2)經常參加托育安全在職進修。 | | | |
| | | (3)經常蒐集即時安全相關訊息。 | | | |

*急救用品：滅菌棉花、棉籤、紗布、OK繃帶、捲軸繃帶、三角巾、止血帶、鈍頭剪刀、鑷子、體溫計、壓舌板、安全別針、紙膠帶、酒精（75%）、優碘、氨水、雙氧水。

## 第三節　檢核表的使用要領

由上述三種檢核表範例中可以得知觀察者可從中獲得相當多的資料，其使用要領如下：

1.要先瞭解觀察的目的，依目的找尋適合的檢核表單。

2.使用檢核表進行觀察時，不是憑印象或憑空主觀勾選，而是

對檢核表的行為之操作定義要清楚，對行為之評定要有一致性。如果涉及不同人在做檢核，要預先對某些行為做評量，並計算其一致性信度。

3.應用時間抽樣方式，先將觀察時段分成幾個不同的時距（interval），然後依時距順序進行觀察。

4.當觀察者需要記錄團體的個別兒童行為，可以先將孩童姓名列妥，再依序進行觀察。如果可以先利用錄影器材輔助觀察，事後再依目標行為登錄在檢核表上。

5.如果現有檢核表無法滿足研究者關注的議題時，研究者也可自行設計適當的檢核表使用。

6.每個檢核表皆有其概念及功能，所以觀察者要使用檢核表，必須預先觀察與分析，視檢核表之內容是否符合觀察目的。

## 第四節　檢核表的優點與限制

### 一、檢核表的優點

檢核表方便使用，普遍應用在我們的日常生活中，其優點有三：

1.快速及容易使用：檢核表非常容易使用，觀察者可以快速且有效地記錄行為的出現，也可以被使用在同時觀察與記錄，最後累積可觀的資料之後，再做量化分析。

2.可以評估幼童的個別需求：檢核表除了可以快速測量孩子的

發展層次，也可以應用孩童的學習狀況及個別需求，以幫助
教保人員釐訂個別化的課程設計，以呼應幼童之個別需求。

3.同時可以記錄多位孩童：由於檢核表使用簡單，觀察者可以
同時記錄多個兒童，如果再輔以錄影設備，以便事後查核，
所以說來，檢核表是一種相當方便的觀察工具。

## 二、檢核表的限制

然而，檢核表也有下列的限制：

1.檢核表只能呈現表面行為之資料，無法呈現問題之外的資
料：檢核表所呈現的訊息是行為發生與否，除此之外，資料
不能呈現，故行為檢核彈性較少，也不能記錄行為之發生始
末。所以常常難以掌握整體行為，而只是行為的重點或部
分。

2.一般檢核表只能針對特定年齡：兒童發展檢核法必須要注意
其適用的年齡層。如果選用不符合兒童年齡層之檢核表，則
資料無法作為比較或篩檢的功能。

3.檢核表資料缺乏質性情境資料分析：檢核表是決定行為有無
之有效觀察方法，但它無法提供有關行為的質性描述資料，
也無法瞭解其行為頻率、輕重、行為持續時間的長短及行為
的原因，更無法提供影響其行為產生之脈絡情境之可能原
因。

# Chapter 8

# 評量表法

評量表法又稱為評定量表（rating scales）或特性量表（trait rating），此種方法比上一章檢核表法更能測量出幼兒行為的發展快慢、出現頻率或強弱等，做一數量化的程度區分〔例如非常符合、符合、無意見、不符合、非常不符合五等量表，或好棒、加油（正發展中）、還差一點點三等量表〕。評量表法可以應用時間抽樣策略，也可應用到事件抽樣策略，它是一種快速摘要觀察印象的簡便方法。評量表法同時也可應用測驗，在一群標準刺激及情境下來引起幼童的反應，藉以對幼童認知、行為、能力、成就或人格特質作質與量的評定測量方式，目的在檢測幼兒在發展的程度及幼兒間的個別差異。

林惠雅（1990）指出檢核表與評量表相當類似，都是依觀察者的判斷，兩者皆可應用現場或事後記錄，可應用於簡單或長期的觀察。所不同的是，檢核表是對行為是否出現作判斷，評量表則對行為程度或頻率作判斷。

## 第一節　評量表法的應用範例

黃馨慧（2001）指出評量表之適用時機有四：

1.當教師或家長想知道兒童某一行為發生的頻率及發生情形時。

2.可用於評估兒童的某些行為，或可當作是評估課程的多元面向。

3.可用在全面性鑑別兒童的個別需求時。

4.可以將兒童的成長情形連貫起來，以瞭解兒童發展的狀況。

以下分別舉例說明幼兒園在社會戲劇遊戲之評量表以及一些評定幼兒行為之評分量表、目的，幫助幼兒園教保人員瞭解孩子在社會戲劇能力、玩性人格、同儕社會互動之能力狀況，以便教保照顧者瞭解孩童的個別差異及學習能力與性向，以獲得教保人員能針對孩子的個別差異來設計教學。

## 一、Smilansky社會戲劇遊戲量表

團體戲劇遊戲又稱為社會戲劇遊戲，意指當兩名或兩名以上之幼兒，分配角色並將其角色串聯而演成一故事情節的遊戲。角色、主題及道具是構成社會戲劇遊戲的三大要素。例如，虛構的故事（英雄與壞蛋）、真實生活情境（全家上超市）等。這類遊戲表面上看來好像很簡單，但實際上，孩子需要有相當的語文、認知及社會的能力及發展才行。孩子具有上述的能力，才能以表徵的方式呈現，也才能做觀點取替和使用正確的語言，創造及詮釋想像（佯裝）轉換、精確地使用語言，與同伴一起規劃、分享、限制攻擊行為等。因此，這種遊戲（社會戲劇遊戲）被認為是遊戲發展中重要的形式之一。

Parten/Piaget檢核表中也記錄幼兒參與此類遊戲的多寡。若一位四、五歲的孩子在Parten/Piaget記錄表中，很少被登錄到這類戲劇遊戲，那成人便需要提供幫助或適當參與孩子的遊戲。但是，成人首先要知道兒童在從事這種複雜的遊戲時需要哪些技巧。

### (一)社會戲劇遊戲量表（SPI）五要素

Smilansky（1968）在研究遊戲訓練中，發展出針對上面所提蒐集資料的理想量表。此社會戲劇遊戲量表共包括五種要素，此五要素象徵了高品質的團體戲劇遊戲：(1)角色扮演（role play）；(2)想像轉換（make-believe transformation）；(3)社會互動（social interaction）；(4)語言溝通（verbal communication）；(5)持續性（persistence）（**專欄8-1**）。這套觀察系統可幫助觀察者瞭解幼兒在遊戲中已含有哪些要素，又缺乏哪些要素，這樣成人才可針對所缺少的要素提出干預。

Smilansky社會戲劇遊戲量表（簡稱SPI）是一檢核表，各行列著幼兒的名字，各列則為SPI的各項要素。注意，SPI與Parten/Piaget、Howes之檢核表不同，可同時觀察許多幼兒。我們在此已稍做修改SPI，另外為三種想像轉換設立一欄（玩物、動作、情境），也為主要的兩種口語溝通另列一欄（後設溝通及假裝溝通），如**表8-1**所示，讓使用者能較原表格更清楚辨識出幼兒社會戲劇遊戲的技巧。

### (二)社會戲劇遊戲量表（SPI）使用步驟

在Parten/Piaget及Howes的量表中，都以多重間距，如以十五秒為間隔，作為系統抽樣的技術，但在SPI中都不需用此繁雜的抽樣方法，原因乃是SPI需要更長的觀察時間，以決定五種要素中何者有出現，何者則無。例如，至少要持續十五分鐘才能觀察到遊戲的持續性。Smilansky在1968年研究遊戲訓練所用的觀察程序可應用在SPI上，也就是要先觀察一群小孩子玩一段較長的時間，然後再決

**專欄 8-1**

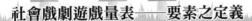

## 社會戲劇遊戲量表——要素之定義

### 一、角色扮演

　　幼兒採用一些角色（例如家庭成員、救火員、超市收銀員），並以語言來串聯這些角色（例如我是媽媽），以及扮演適應角色的行為（例如照顧由另一幼兒扮演的嬰兒）。

### 二、想像轉換

利用一些表徵來代表玩物、動作或情境。

1. 玩物可能被用來代替其他生活上的真實用品（以積木假裝為杯子），或以語言的聲明表示一想像的物品（看著空空的手並說：「我的杯子裡沒有水。」）。
2. 用簡略的動作來代表真實的動作（如用手上下移動表示在用鐵錘釘釘子），或利用語言表達想像的動作（我正在釘釘子）。
3. 利用語言來表示想像的情境（假裝我們正坐飛機去美國）。

### 三、社會互動

　　至少有兩位幼兒對遊戲情節的角色、動作做直接的互動（如Howes量表中的層次四：共同意識的互補／互惠遊戲）。

### 四、語言溝通

　　幼兒對相關遊戲主題的內容彼此有語言上的交換。這些訊息的交換包括下列兩種：

1. 後設溝通的聲明（meta communication statements），被用

來組織或建構整個遊戲內容的溝通。如孩子可能如此表
達：

(1)象徵想像物品的認定（假裝這繩子是蛇）。

(2)分配角色（我是爸爸，你是娃娃）。

(3)計畫故事情節（我們先去超市買菜，再去樓上玩具部
買玩具）。

(4)如有幼兒玩得不對（如角色行為不符合），孩子會斥
責並糾正他（娃娃不會幫忙擺碗筷）。

2.假裝溝通的聲明（pretend communication statements），符
合其所扮演角色的溝通。如幼兒假扮老師，向其他幼兒
（當學生）說：「你們再頑皮，我要帶你們去見郭主任
哦！」

### 五、持續性

幼兒進行有持續性的遊戲時，年齡是決定幼兒是否有持續
力的最大因素。Sylva等人（1980）及Smilansky（1968）的研
究指出，小、中班的幼兒應可維持五分鐘的遊戲時間，而大班
至少可維持十分鐘。此外，自由遊戲的時間多長亦是一相關因
素，若自由遊戲時間短於十五分鐘，那上述孩子的持續力就要
稍為縮短一些。

資料來源：摘自Smilansky (1968).

表8-1　Smilansky社會戲劇遊戲量表

| 名字 | 角色扮演 | 想像轉換 | | | 社會互動 | 語言溝通 | | 持續性 |
|---|---|---|---|---|---|---|---|---|
| | | 玩物 | 動作 | 情境 | | 後設溝通 | 假裝溝通 | |
| 1 | | | | | | | | |
| 2 | | | | | | | | |
| 3 | | | | | | | | |
| 4 | | | | | | | | |
| 5 | | | | | | | | |
| 6 | | | | | | | | |
| 7 | | | | | | | | |
| 8 | | | | | | | | |
| 9 | | | | | | | | |
| 10 | | | | | | | | |
| 11 | | | | | | | | |
| 12 | | | | | | | | |
| 13 | | | | | | | | |
| 14 | | | | | | | | |
| 15 | | | | | | | | |
| 16 | | | | | | | | |

資料來源：摘自Smilansky (1968).

定五種要素中出現在每一個孩子遊戲中的有哪些。

　　當使用SPI時，建議依下列步驟進行：

1.在觀察中，一次只選二、三位幼兒觀察，而這幾位孩子是以
Parten/Piaget檢核表中篩選出較少進行團體戲劇遊戲的幼兒。

2.在幼兒整個遊戲時間內，從頭到尾都要非常注意，每一位幼
兒平均觀察一次一分鐘，再輪流看其他幼兒，依此輪序。

3.在幼兒遊戲結束時，將每一個幼兒的遊戲中觀察到的社會戲
劇遊戲的每個要素記錄在SPI適當的欄內。假如其中的一個

要素（如社會互動）發生得很短暫，在相關的欄內劃上一個
「？」，表示這個行為似乎已顯現，卻又未發展得很好（有
關各要素之定義，請參閱**專欄8-1**）。

4.假如有幼兒缺乏其中一或多項要素的話，改天再觀察一次，
不能只因單次觀察就加以定論，並認定此幼兒缺乏這些技
巧。

## (三)提升兒童戲劇遊戲五要素

有了SPI的記錄資料後，從整個量表中可以看出幼兒具備或缺
乏哪些遊戲的要素。若幼兒皆有這五種要素，那可說此幼兒具有相
當優秀的社會戲劇遊戲的能力，在其遊戲中成人的角色與功能就不
重要了。反之，若幼兒缺乏一或兩個要素，那他便很需要成人給予
干預，並利用空間、時間、情境和玩物的配合，以使幼兒能具備社
會戲劇遊戲技巧，將之融入遊戲當中，在其不斷地反覆練習中，使
其具備下列能力：

1.角色扮演──道具箱及成人參與。

2.想像轉換──低建構的道具及成人參與。

3.社會互動──高社會價值之玩具及成人參與。

4.語言溝通──成人參與。

5.持續性──將遊戲空間做區隔之空間布置及成人參與。

以上之提升兒童戲劇遊戲五種要素之策略可參考**表8-2**。

當以SPI來解釋行為時，要先考慮孩子的年齡，雖然團體戲劇
遊戲在幼兒兩歲時便開始，但大多數幼兒在三歲或三歲以後才開

表8-2　提升社會戲劇遊戲行為策略

| 因素 | 提供方法 | 成人參與 |
|------|---------|---------|
| 角色扮演 | 道具箱 | 遊戲指導 |
| 想像轉換 | 玩具——適合真實情境 | 遊戲指導 |
| 社會互動 | 玩區——具高度社會價值 | 遊戲指導、親子遊戲指導<br>方法：<br>1.引導誘因或刺激動機（induction）<br>2.利用分段法（distancing） |
| 語言溝通 | 先前之經驗 | 遊戲指導、親子遊戲 |
| 持續性 | 分割遊戲區域 | 平行、共同遊戲及遊戲指導 |

建構玩物（積木）可引起孩子玩建構遊戲，一旦建構完成後，它又可用
成戲劇遊戲的道具

始發展這類層次較高的社會戲劇遊戲（Rubin, Fein, & Vandenberg,
1983），因此成人如老師或家長不需過於擔心二、三歲的孩子在遊
戲中沒有出現SPI的五種要素行為。此外，低社經家庭的幼兒有較

多的戶外想像遊戲（Tizard, Philps, & Plewis, 1976）。所以在使用
SPI時，應多次觀察幼兒行為，不僅室內，戶外也要觀察，才能在
不同之遊戲情境下，做更精確的觀察，進一步地去斷定幼兒是否缺
乏任何社會戲劇遊戲的技巧。

　　Smilansky及Shefatya（1990）將Smilansky之社會戲劇遊戲量表
從一檢核表方式轉換成計分量表，並將原來五個分向度延伸成為六
個向度——角色扮演、玩物轉換、動作與情境轉換、持續力、社會
互動及語言溝通等，其計分方法請參閱**專欄**8-2。

**專欄 8-2**

## Smilansky及Shefatya之社會戲劇遊戲能力評分表

### 一、角色扮演（role-play）

　　0分→完全沒有角色扮演。

　　1分→只扮演主題內的「基本」角色，且只有語言（包括語
　　　　調）、動作（包括手勢）其中一項呈現方式。

　　2分→1.只扮演主題內的「基本」角色，且有語言（包括語
　　　　　調）、動作（包括手勢）兩項呈現方式。

　　　　　2.扮演主題中較具專業、獨特、精緻的角色，呈現方
　　　　　式為語言、動作其中一項。

　　3分→扮演主題中較具專業、罕見、精細的角色，呈現方式
　　　　為語言、動作兩項。

### 二、玩物轉換（make-believe with objects）

　　0分→無對玩物的想像轉換。

　　1分→透過高度具體化形體相近的玩物，來做有限度的想像

轉換，即「具體性實物轉換」。

2分➜透過其他在形狀上相似的真實用品來表示玩物。

2.5分➜透過其他在功能上相似的真實用品來表示玩物。與2分的形式合稱「替代性實物轉換」。

3分➜用語言或動作來代表玩物，即「假裝性實物轉換」。

## 三、動作與情境轉換（make believe with actions and situations）

0分➜完全沒有。

1分➜用語言或動作中的一項來表達欲想像轉換的動作。

2分➜1.用動作及語言兩項來表達一想像轉換的動作。
2.用動作或語言其中一項來表達一情境。

3分➜用動作及語言兩項來表達一豐富的情境。

## 四、持續力（persistence）

0分➜每一角色扮演不到2分鐘。

1分➜每一角色扮演2～5分鐘。

2分➜每一角色扮演5～10分鐘。

3分➜每一角色扮演至少維持10分鐘以上。

## 五、社會互動（social interaction）

0分➜遊戲層次為單獨、平行遊戲。或彼此合作但甚少交談。

1分➜只和團體內的部分幼兒互動，且方式上只有語言或動作中的一項。

2分➜1.只和團體內的部分幼兒互動，但方式上有語言及動作兩項。
2.和所有幼兒互動，且方式上只有語言或動作中的一項。

3分→和所有幼兒互動，互動方式包括語言及動作上的互動。

## 六、語言溝通（verbal communication）：總分為後設溝通及假裝溝通的平均數

0分→參與遊戲但無任何語言，或只是自言自語。

1分→後設溝通方式採：訴諸權威、命令、批評、強迫、不願溝通、語言上的攻擊等方式。不參與計畫遊戲內容，只執行其他同伴指派的角色。假裝溝通時多只有角色的基本語言，且較無法和其他角色有語言上的互動。

2分→後設溝通方式採：哄騙、哀求或放棄的方式，且參與遊戲內容的討論，成為協同計畫者。假裝溝通採：和部分人有語言互動，而語言的表達和語調的運用屬中等程度，用詞較簡略，談話內容較粗淺。

3分→後設溝通方式採：禮貌性的要求、利他、分享、輪流、商量、共同計畫的方式，且可計畫相當豐富的主題，成為遊戲內容上的主導者。假裝溝通時在語調及用詞上多相當精緻，且和所有角色有語言互動，而談話內容多可延伸遊戲的深度。

註：延續Smilansky與Shefatya（1990）的計分方式：

1.計分方式為0～3分，並加上考慮遊戲行為複雜度及頻率。

2.複雜度以0～3分表示。

3.頻率：針對玩物、動作或情境轉換及語言溝通三項，其餘三項則無，當上述三因素表現多次時，計分方式採「平均加權」的形式。

## 二、計分評量表

計分評量表類似檢核表，主要是對特定行為的觀察並且提供一簡便的格式來做記錄，但是計分評量表比檢核表只能勾選行為有更多的行為訊息，而且也可以呈現行為之量化差異（quantative difference）。這些評量表幫助觀察者瞭解行為之有無，以助其做決策及判斷行為之量化品質（Pellegrini, 1996）。

計分評量表可以用來當作廣泛行為與特質的判斷（Irwin & Bushnell, 1980），通常這些行為與特質是難以被測量的。此節所提供Lieberman的玩性（playfulness）量表便是一個應用評量表的例子。評量表很好學且允許評量表對兒童行為的測量與瞭解（Pellegrini, 1996）。

但從負面的觀點，依賴量表的判斷比用檢核表可能穩定性不夠（信度低），也可能產生錯誤的訊息測量。最近記憶的效果（the effect of recency of memory）就是一個好例子。如果評量者只用最近的記憶來記錄觀察者之行為，而不是找到其最代表性的行為（Pellegrini, 1996），其他相似誤差的問題如下（Irwin & Bushnell, 1980）：

1.寬容效應（errors of leniency）：對熟悉的人在評量時可能給予比他應得的行為來得高。

2.中央極限效應（errors of central tendency）：分數會往中間集中，避免給予高低分的極端值。

3.月暈效應（halo effects）：第一印象的分數，可能讓不相關之訊息來影響評量者。

幼兒行為觀察與記錄

　　最後避免此種評量誤差之方法即是瞭解在評量孩子行為時，可能會產生此種誤差。正如Irwin及Bushnell（1980: 213）所解釋：「預先警告還不如事先準備！」（To be forewarned is to be forearmed!）

　　本章中我們選了三個量表來評量兒童的遊戲行為和發展評估：第一個量表是評量兒童的人格特質的玩性評量表，此量表可以測量兒童的頑皮及玩性；第二個評量工具是Penn同儕遊戲互動量表，主要在評量美國非裔幼兒之同儕互動行為；第三個量表是評估嬰幼兒的發展篩選測驗。

## (一)玩性評量表

　　玩性似乎是孩子基本的人格特質。某些兒童在其身上可以散發好玩的特性，此種特性可以幫助他在各種情境中展現遊戲（Barnett, 1990）。但是，部分兒童則在很豐富的遊戲情境也甚少有遊戲行為。

　　Barnett（1990）發展一玩性評量表以幫助研究者及教師輕易評量兒童在各種不同遊戲情境中的遊戲特質。此量表應用Lieberman（1997）原先玩性之五種向度來加以延伸與發展，此向度為：

　　1.身體自發性。
　　2.社會自發性。
　　3.認知自發性。
　　4.呈現歡樂。
　　5.幽默感。

基於Barnett之前的研究，她在每一向度發展四至五個題項用於操作地描述此向度的特質。她用五等評分量表來評量每一題項行為之程度（**表**8-3）。

老師可以用此量表來評量學生之玩性。如果在此量表評分較低，這意謂著兒童需要額外的幫助，尤其提供成人參與或同儕當作遊戲的鷹架，以幫助孩子從遊戲課程之活動中獲得遊戲之正面效果與益處。

## (二)Penn同儕遊戲互動量表

大部分社會能力量表及遊戲量表，其大部分的兒童是從白人中產階級的家庭中抽取而來，應用於非白人與非中產階級的小孩可能產生推論的效度置疑（McLoyd, 1990）。Penn同儕遊戲互動量表（The Penn Interactive Peer Play Scale, PIPPS）就是一個特例，此量表是以老師評量為主，專門針對低收入戶之非裔美國幼兒來加以設計，用來測量幼兒與同儕之遊戲互動行為。

Fantuzzo及Sutton-Smith（1994）從啟蒙計畫方案中的800位幼兒，抽取25位被評量有最高及最低的互動行為的幼兒。研究者利用錄影機錄下幼兒之遊戲行為，經過仔細分析以加以辨別「高」及「低」的互動遊戲者。這些互動行為經過三十六個題項之設計，請老師來觀察幼兒最近兩個月之行為表現的頻率以代表幼兒的遊戲互動。在最近的研究，Fantuzzo、Sutton-Smith、Coolahan、Manz、Canning及Debnam（1995）使用因素分析方法，一共找出三個主要因素可以分辨啟蒙方案幼兒之同儕遊戲互動行為，此三個因素分述如下：

表8-3　Barnett的玩性評量表

| 符合孩子行為之程度 | 1<br>幾乎<br>沒有 | 2<br>偶爾是 | 3<br>多少是 | 4<br>大都是 | 5<br>幾乎<br>總是 |
|---|---|---|---|---|---|
| **身體自發性** | | | | | |
| 兒童行動協調良好 | 1 | 2 | 3 | 4 | 5 |
| 兒童在遊戲時，身體是自動自發 | 1 | 2 | 3 | 4 | 5 |
| 兒童比較喜歡動，不喜歡安靜 | 1 | 2 | 3 | 4 | 5 |
| 兒童可以跳、滑步、跳及單腳踏步，而且表現良好 | 1 | 2 | 3 | 4 | 5 |
| **社會自發性** | | | | | |
| 兒童容易趨近別人且對別人的接近有所回應 | 1 | 2 | 3 | 4 | 5 |
| 兒童可以主動與別人玩遊戲 | 1 | 2 | 3 | 4 | 5 |
| 兒童可以與別人一起合作地玩 | 1 | 2 | 3 | 4 | 5 |
| 兒童願意與別人分享玩物 | 1 | 2 | 3 | 4 | 5 |
| 兒童在遊戲時常扮演領導者角色 | 1 | 2 | 3 | 4 | 5 |
| **認知自發性** | | | | | |
| 兒童獨自發明遊戲 | 1 | 2 | 3 | 4 | 5 |
| 在遊戲時，兒童可用不尋常的方式來玩 | 1 | 2 | 3 | 4 | 5 |
| 兒童可扮演不同角色 | 1 | 2 | 3 | 4 | 5 |
| 在遊戲時，兒童常改變活動 | 1 | 2 | 3 | 4 | 5 |
| **呈現歡樂** | | | | | |
| 在遊戲時，呈現歡樂狀 | 1 | 2 | 3 | 4 | 5 |
| 在遊戲時，表情豐富、華麗 | 1 | 2 | 3 | 4 | 5 |
| 在遊戲時，展現熱忱 | 1 | 2 | 3 | 4 | 5 |
| 在遊戲時，有情感表現呈現 | 1 | 2 | 3 | 4 | 5 |
| 在遊戲時，有說有唱 | 1 | 2 | 3 | 4 | 5 |
| **幽默感** | | | | | |
| 兒童喜歡與別人開玩笑 | 1 | 2 | 3 | 4 | 5 |
| 兒童會溫和嘲弄別人 | 1 | 2 | 3 | 4 | 5 |
| 兒童會說好笑的故事 | 1 | 2 | 3 | 4 | 5 |
| 兒童對幽默的故事大笑 | 1 | 2 | 3 | 4 | 5 |
| 兒童喜歡扮丑角，逗別人笑 | 1 | 2 | 3 | 4 | 5 |

資料來源：摘自Lynn A. Barnett (1990). Playfulness: Definition, design, and measurement. *Play and Culture, 3*(4), 323-324.

1.遊戲互動：是一個正向之向度，與幼兒之利社會、人際技
　巧、自我控制與語言自信技巧有關。

2.遊戲干擾：是一個負向之向度，與幼兒之攻擊行為及缺乏自
　我控制有關。

3.遊戲不連貫：另一個負向之向度，與退縮行為有關。

**表8-4**是一四點量表，用於評量幼兒同儕遊戲互動之三向度。

在對啟蒙方案或低收入非裔社區工作之老師可以使用PIPPS量
表來評量幼兒與同儕之社會遊戲技巧。Fantuzzo等人（1995: 117）
也進一步解釋老師使用這些評量表來規劃其教學活動：

假如整個班級呈現很低之互動行為或者常有遊戲干擾或不連貫
之行為出現，那老師可以設計較結構化的活動，或用更多的監督孩
子遊戲或支持他們正向的互動。

**表8-4　Penn同儕遊戲互動量表**

| 過去兩個月兒童遊戲<br>行為之頻率 | 從來沒有<br>（1） | 不常<br>（2） | 常常<br>（3） | 幾乎總是<br>（4） |
|---|---|---|---|---|
| 遊戲互動 | | | | |
| 分享想法 | 1 | 2 | 3 | 4 |
| 領導別人玩 | 1 | 2 | 3 | 4 |
| 幫助別人 | 1 | 2 | 3 | 4 |
| 有禮貌指導別人 | 1 | 2 | 3 | 4 |
| 鼓勵別人參與遊戲 | 1 | 2 | 3 | 4 |
| 有創意地參與想像遊戲 | 1 | 2 | 3 | 4 |
| 遊戲干擾 | | | | |
| 開始打架或吵架 | 1 | 2 | 3 | 4 |
| 被別人拒絕 | 1 | 2 | 3 | 4 |
| 不想輪流 | 1 | 2 | 3 | 4 |

（續）表8-4　Penn同儕遊戲互動量表

| 過去兩個月兒童遊戲行為之頻率 | 從來沒有（1） | 不常（2） | 常常（3） | 幾乎總是（4） |
|---|---|---|---|---|
| 說別人閒話（饒舌） | 1 | 2 | 3 | 4 |
| 損壞別人的物品 | 1 | 2 | 3 | 4 |
| 語言攻擊別人 | 1 | 2 | 3 | 4 |
| 哭、呻吟、發脾氣 | 1 | 2 | 3 | 4 |
| 搶奪別人的玩物 | 1 | 2 | 3 | 4 |
| 身體攻擊 | 1 | 2 | 3 | 4 |
| **遊戲不連貫** | | | | |
| 別人遊戲時在外圍徘徊 | 1 | 2 | 3 | 4 |
| 退縮 | 1 | 2 | 3 | 4 |
| 無目標地閒逛 | 1 | 2 | 3 | 4 |
| 被別人忽略 | 1 | 2 | 3 | 4 |
| 不被別人邀請去參與遊戲 | 1 | 2 | 3 | 4 |
| 拒絕被邀請去玩遊戲 | 1 | 2 | 3 | 4 |
| 在遊戲時呈現困惑 | 1 | 2 | 3 | 4 |
| 需要老師指導 | 1 | 2 | 3 | 4 |
| 看起來不快樂 | 1 | 2 | 3 | 4 |
| 有困難於轉移情境 | 1 | 2 | 3 | 4 |

資料來源：摘自Fantuzz, et al. (1995: 111).

## (三)嬰幼兒發展評估與量表

　　嬰幼兒發展評估主要是著眼於孩童的智能狀況、語言、動作、認知等各方面的發展程度，目前台灣較常使用的評估量表是丹佛嬰幼兒發展篩檢測驗（Denver Developmental Screening Test, DDST），同時此種測驗也可應用於評估是否發展遲緩的可靠量表，以便早期發現遲緩的小孩，使其進一步接受正確詳細的診斷，一方面可增加有效治療的機會，一方面也可以給予早期的特殊訓練。

丹佛嬰幼兒發展篩檢測驗（DDST）是嬰幼兒最常使用的發展測驗，適用於出生到六歲的兒童，發展篩檢測驗共分為四個單元：粗動作、精細動作、語言及適應能力、身邊處理與社會性。在每一個測驗單元中，設計多個長條形的項目，長條形上分別標示百分比25、50、75及90（**圖8-1**）。

　　根據**圖8-1**的測驗，若受測兒童無法通過90%同年齡之兒童能通過的項目，則表示該兒童可能疑似有「發展延緩」的情形，分類如下：

1.正常：能通過90%同年齡兒童可通過的項目。

2.可疑：指一個單元有兩個（含）以上的延遲。

3.異常：指兩個（含）以上的單元各有兩個（含）以上的延遲；或某一單元有兩個（含）以上的延遲，而另一單元有一個延遲。

施測者在施行時須參考測驗施行指引（**表8-5**）。

## 🔍 第二節　評量表法的使用原則

　　評量表在幼兒園的使用十分普通，它除了可以大量快速地評量孩子在各方面的發展狀況外，其也可應用在比較幼童們的個別差異。除此之外，評量表也可以用來確認幼童是否瞭解常規、行為指令、學習技能。評量表法是由評量者做判斷性的評量，同時，因評量表法過於主觀的判斷或憑印象來評量，可能會造成誤差或誤會。如果教保人員、行政人員與家長分別來評量，一方面取得一致性共

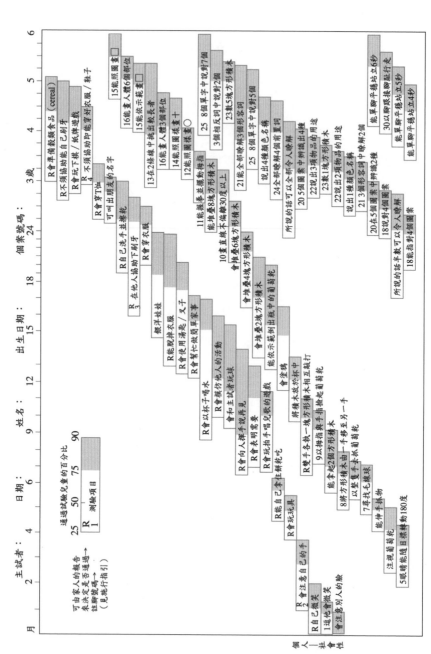

圖8-1　丹佛嬰幼兒發展篩檢測量量表（DDST）

150

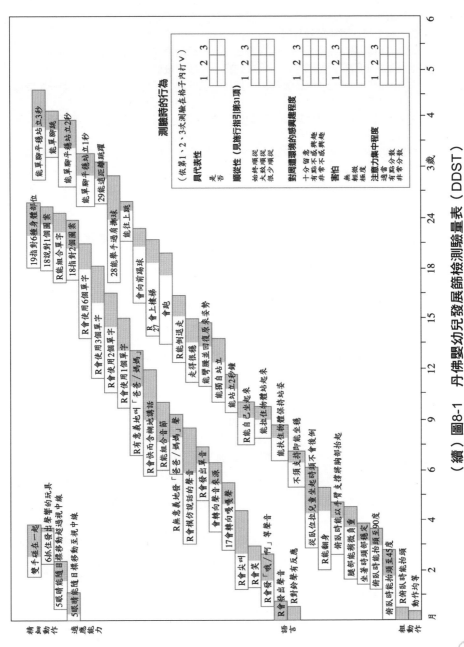

（續）圖8-1　丹佛嬰幼兒發展檢測驗量表（DDST）

幼兒行為觀察與記錄

**表8-5　丹佛嬰幼兒發展篩檢測驗施行指引**

1. 試以微笑、說話或揮手的方式來逗兒童笑，不要碰觸他（她）。
2. 兒童必須注視手部數秒鐘。
3. 父母可以協助指導牙刷的操作方法以及將牙膏擠在牙刷上。
4. 兒童並不需要繫好鞋帶或扣背後的扣子／拉背後的拉鍊。
5. 將毛線球緩慢地依弧形路線由一側移往另一側，毛線球的位置須距離兒童臉部上方8英寸。
6. 當會出聲響的玩具碰觸到兒童的指背或指尖時，兒童會抓住它，便算通過（正常）。
7. 如果兒童試圖察看毛線球的去向，便算通過。主試者在丟下毛線球時必須快速，且不可移動手臂。
8. 兒童必須在沒有身體、嘴巴或桌子的協助下，將方形積木由一手移至另一手。
9. 如果兒童能以拇指與手指的任何部分撿起葡萄乾便算通過。
10. 兒童所畫的線只能偏離主試者所畫的線30度或30度以內。
11. 握拳、拇指往上指，而且只有拇指可以擺動。如果兒童能模仿此動作，且除了拇指之外其他手指均不動，即算通過。

| 12.若能將圓圈畫好無缺口，就算通過，若只能畫成連續迴旋狀，就不算通過。 | 13.哪條線比較長（非較大）？將紙張上下顛倒再重複此測驗（三次測驗中全對或六次測驗中有五次對就算通過）。 | 14.近中點畫出任何交叉線即算通過。 | 15.畫出完整圖形就算通過。注意直線的交叉。 |
|---|---|---|---|

　　測試第12、14、15項時不要說出其形狀名稱，測試第12及14項時不要示範

16. 計分時，成雙的身體部位（例如：兩隻手臂、兩條腿等）只能算作是一個部位。
17. 將一個骰子放於杯中，靠近兒童耳朵輕輕搖晃，但不要讓兒童看見。對另一個耳朵重複此項測驗。
18. 指著圖案，讓兒童說出該圖案的名稱（如只能模仿其聲音，則不予計分）。如果兒童命名正確的圖案少於四項，則由主試者模仿圖案的聲音來讓兒童指出該圖案。

## （續）表8-5　丹佛嬰幼兒發展篩檢測驗施行指引

19. 使用洋娃娃，要求兒童指出哪裡是鼻子、眼睛、耳朵、嘴巴、手、腳、肚子、頭髮，八項中對了六項就算通過。
20. 使用圖片，問兒童：「哪一個會飛？」「哪一個會叫『喵』？」「哪一個會說話？」「哪一個會吠？」「哪一個會奔馳？」五項中對二項，就算通過。
21. 問兒童：「當你寒冷時怎麼辦？」「當你累了時怎麼辦？」「當你餓了時怎麼辦？」三項中對二項，三項全對就算通過。
22. 問兒童：「你可以用杯子來做什麼？」「椅子可以用來做什麼？」「鉛筆可以用來做什麼？」動作字眼必須在回答之中。
23. 如果兒童能夠正確地放置並說出紙上的積木數目便算通過（1,5）。
24. 告訴兒童：將積木放在桌上；放在桌下；放在我的面前；放在我的後面，四項全對便算通過（不可用手指、移動頭部或目光來協助兒童）。
25. 問兒童：什麼是球？湖？桌子？房子？香蕉？窗簾？圍籬？天花板？如果兒童能說出用途、形狀、構成成分或一般分類（像是香蕉是水果，而不只是黃色）便算通過，八項中答對五項，便算通過。
26. 問兒童：如果馬是大的，老鼠則是＿＿＿的？如果火是熱的，冰塊則是＿＿＿的？如果太陽照耀於白天，則月亮照耀於＿＿＿？三項中答對二項便算通過。
27. 兒童可以扶牆或欄杆，但不可以扶人，也不可以用爬的。
28. 兒童必須舉手過肩丟球三呎，並且在主試者伸手可及範圍之內。
29. 兒童必須站立跳過測驗紙之寬度（8.5英寸）。
30. 告訴兒童向前走，腳跟與腳尖間距少於1英寸。主試者可以示範，兒童必須連續走4步。
31. 在2歲的兒童中，半數的正常兒童是不順從的。

記錄觀察結果：

資料來源：郭靜晃（2013：201-204）。

識，另一方面可以用來當作親師溝通的很好工具。因此，評量表法對幼兒教保工作者，評定幼兒發展、課程設計及課室布置與管理有很大的助益。

評量表的使用應注意下列幾項要領（李淑娟，2007）：

## 一、應由熟悉幼童平日表現的成人來評定

由於評量表是由評量者依自己的印象來對幼童行為做主觀的判斷，所以填表者對幼童的平日表現要非常瞭解才能據實評定，以免失去客觀及準確性。

## 二、評量宜避免用價值判斷

個體發展有相當大的個別化及差異性，故在評量時宜避免有價值判斷的字眼。如果可以的話避免用正向評定的形容詞來鼓勵兒童。

## 三、減少主觀因素的干擾

評量表法是根據觀察者對觀察對象的瞭解進行評定，因此結果會較主觀，如果可以找第二位、第三位熟悉幼童的人同時進行記錄，並將其一致或差異性來檢定，誤差可要求在20%以內，以達到.8以上的觀察一致性信度。

## 四、確認量表之適用性

一般而言，觀察記錄法是依其觀察主觀和目的來選擇合適的量表。因此量表的選擇必須要切合研究主題。

## 五、可採多次評量以確定評量的穩定性

評量方法不要求評量者一定要在現場（on site）做評定，所以評量與現實情境恐有差距。如果可以，可以採在現場及不在現場的評量，以求資料評定的穩定性。

## 六、要保護個資，被評者的資料要保密

研究者要有倫理，對於被評者的個人及家庭資料要保密。如果可能，不要讓評量者知道被評者的家庭或個人其他資料，以免影響評量者受主觀印象影響，而造成評量不客觀。

## 七、採一定順序評量並在各步驟提醒注意原則

### (一)評量之前的準備工作

1.獲得家長的同意。

2.瞭解幼兒的身心特性。

3.閱讀相關資料。

4.選擇適當的評量工具。

5.布置評量情境。

6.讓幼兒熟悉評量情境。

7.評量者與孩子建立良好的關係。

8.幼兒有心理準備才做評量。

## (二)評量過程的注意事項

1.瞭解幼兒的動機。

2.依幼兒個別差異調整速度。

3.察覺幼兒對情境的反應。

4.適時給予讚美、鼓勵。

5.決定評量時間的長短。

## (三)結果解釋的注意事項

1.以各種評量法所得的結果解釋幼兒行為。

2.任何一次評量所代表的是幼兒在某個時間及情境所表現的行為。

3.不給予幼兒貼標籤。

4.資料必須保密。

## 八、小心選擇評量的時間和觀察狀況

評量表的內容要具效度,所以評量時間和觀察情境要小心選擇。例如觀察幼兒的遊戲能力,不能是在早上上學時,幼童可能有起床氣,或是尚未回神;或者一位剛入學新生也不適合馬上做評

量。此外，遊戲時間可能會發生在早上或下午，所以不同情境及時間進行觀察有其必要。

## 九、評量表設計原則

設計評量表應符合下列原則，分述如下：

1. 符合性原則：評量是以課程目標為基礎，故其評量範圍、對象應與目標一致。

2. 廣泛性原則：評量的領域不要侷限於某一領域，而應對五項自我層面加以廣泛的評量。

3. 統整性原則：由於評量所採用的工具多樣化，評量的對象是廣泛的，因此將評量的結果匯集在一起，作統整性的判斷。

4. 效度性原則：評量工具應具效度，則評量結果的分數才會具有正確性。

5. 客觀性原則：評量過程中，評量者應力求評量標準的客觀化。

6. 繼續性原則：評量是一種回饋的歷程，才能不斷地提供改進教學和學習的方向。

7. 隱私性原則：所有有關幼兒和家庭之記錄均應視為機密性的資料加以保管。

8. 專業性原則：評量結果的解釋必須很謹慎。

## 第三節　評量表法的優點與限制

### 一、評量表法的優點

評量表法如同測驗法般是一快速簡易方法，針對幼童正在持續的行為作觀察，並記以作質或量評定，最後以評量表內容加以分析及解釋的記錄。

評量表法的優點如下：

### (一)能檢視幼兒行為程度，並觀察個別差異

評量表的設計採取三點、五點或七點等級的方式讓評量者評定，以判斷行為之量化程度及行為表現的程度。此外，研究者可根據這些幼童在各類行為層面表現水準，並比較幼童間的個別差異情形當作課程改進檢討的依據。

### (二)記錄省時、省力、方便

評量表能提供評量者在短時間內，以打勾方式直接對觀察對象之行為做判斷，此種方式如同檢核表法方便填寫，不需敘述太多文字。此種評量省時、方便，也可採非直接觀察，只憑判斷即可完成。

### (三)評量者不需特別訓練

評量表之項目的評定依據評量者的主觀判定，並不需要對行為之定義特別訓練，可適合教保人員及家長來參與評量。

## (四)評量表適用範圍層面廣

評量表依據評量者關心的主題來評量,舉凡幼童之認知、情意、技能、智力、人際互動等多面向之發展議題。此外,評量表也可適用教保實務對日常生活、課程來做評量。

## (五)資料分析方便

評量表所得可經量化資料分析整理,可適合比較群體或個別之差異。

## 二、評量表法的限制

評量表是採量化分析策略,資料無法呈現行為的因果關係,此外,由於僅憑評量者之判斷可能會流於主觀的判斷,其限制為:

1. 因缺乏行為之操作定義,評量者無法依循。
2. 因不需要現場記錄,評量者可能憑印象就做判斷。
3. 因評量者對行為程度或頻率認知不同,影響評量結果,而造成評量分數不具客觀性。
4. 受到社會預期的影響,評量者可能會採取比較容易受到社會所接受的觀點評量,而造成結果不確實合乎真實的行為。
5. 評量者難以避免判斷錯誤,如「集中趨勢」(採取中間評點,避免過於極端)、「月暈效果」(個人第一印象影響其評量)、「對比錯誤」(評量者以自己的價值觀當判斷基準,判斷時不是與自己相似,不然就是與自己相反)、邏輯錯誤(評量者將兩項近似的項目評為一致)。

# Chapter 9

# 範圍單位分析法

範圍單位分析（field-unit analysis）是由Roger與Herbert（1951）所發展出來的。在這之前Barker與Wright一直提倡樣本描述法是描述行為過程的最好方法，然而Barker及Wright（1951）卻不知該如何解決其需要花時間編碼、轉碼等事後工作的缺點。範圍單位分析遂因應此種困擾而創立，這種方法是當行為發生時，將行為分成許多連續的單位，並提供現場的編碼記錄來代替（林正文，1993）。

　　範圍單位分析又可稱為實地行為單元分析（field-behavior unit analysis），其分析方法是在觀察前即將行為區分為許多連續單位，並將其轉換成各種不同的代碼或符號來代替，觀察者只要依其符號或代碼的意義，登錄成許多連續記錄的資料。

　　目前範圍單位分析已經被發展成許多不同的觀察系統，以因應一般需求，是一種完整又省時的資料蒐集方法。範圍單位分析法應用時間抽樣策略，是一種事後量化分析的方法，其有記錄及分析系統已預先規劃，具有高度的信度與效度，並且也符合多元的一般及特殊的觀察目的。

　　範圍單位分析法是從Urie Bronfenbrenner的生態理論所發展出來，主要在研究個體和環境的互動關係的研究方法，尤其應用在兒童發展的研究。目前已發展許多具有信度與效度的觀察系統，例如，Puckett的代碼系統、佛蘭德斯互動分析系統（Flanders Interaction Analysis Categories, FIAC）、Stallings的SRI課室觀察系統以及學前觀察代碼系統（Preschool Observation Code, POC）（林惠雅，1990，李淑娟；2007），接下來將分節敘述其在幼兒園的應用。

## 第一節　Puckett的代碼系統

　　1928年Roswell C. Puckett修正Ernest Horn研究學生參與課室互動的代碼使用，並發展了一套方便督學評鑑教師教學之用的代碼系統（李淑娟，2007）。Puckett將教室中學生舉手回答問題及老師指定同學回答問題的各類情況，並用簡單的符號代替（**表9-1**），

**表9-1　Puckett代碼系統之說明**

| 符號 | 說明 |
|---|---|
| ． | 學生舉手 |
| ⊙ | 學生舉手且被老師叫起 |
| ⊙（單字） | 學生舉手且被老師叫起，並做單字回答 |
| ⊙— | 學生舉手且被老師叫起，並做普通回答 |
| ⊙（好） | 學生舉手且被老師叫起，並做好的回答 |
| —⊙ | 學生舉手且被老師叫起，並做非常好的回答 |
| □ | 學生未舉手但被叫 |
| □（單字） | 學生未舉手被叫到，並做單字回答 |
| □— | 學生未舉手被叫到，並做普通回答 |
| □（好） | 學生未舉手被叫到，並做好的回答 |
| —□ | 學生未舉手被叫到，並做非常好的回答 |
| ⊠ | 學生未舉手被叫到，沒有回答 |
| ＞ | 學生問問題 |
| ｜ | 學生未被老師叫到而說話 |

資料來源：林惠雅（1990：162）。

163

此外，將這些代碼系統（coding system）與班級座位表結合（圖9-1）。藉由此觀察，圖表能一目瞭然顯示問題的真實分配，同時也反應學生的參與程度及性質，達到真實教室環境中學生互動的現況，以幫助老師督導及提升教學效能。

圖9-1代碼系統範例中顯示，我們可以獲得很多資訊。例如：

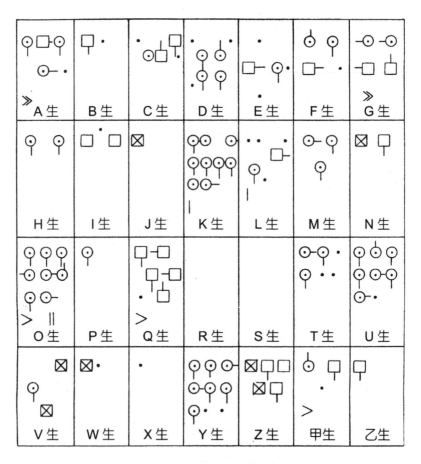

**圖9-1　代碼系統範例**

資料來源：林惠雅（1990：163）。

1.全班共有28位學生，2位缺席（R生及S生）。

2.4位同學從未舉手（J生、N生、Z生及乙生）。

3.5位學生問問題（A生、G生、O生、Q生及甲生）。

4.3位同學未被老師允許而說話（K生、L生及O生）。

5.G生回答的最好。

6.K生、O生、U生及Y生都做了多次的回答，但大部分都只回答一個單字。

　　整體而言，除了X生外，教師上課時均能與班上每位同學互動。從圖示中亦不難看出，教師與O生、K生的互動次數居多，因為這兩位同學只要舉手老師一定會讓他們回答。另外老師對Q生特別注意，因為該生未舉手而老師指定他回答的次數最多。再者，X生僅一次舉手但未被老師叫起回答後，接下來該生均未舉手也沒有被叫起回答問題，師生互動需再加強。

　　由上可知，利用這種代碼系統可以在很小的空間記錄豐富的資料，也可以利用這些豐富的資料提供教師本身或督學或相關人員客觀檢視課室中師生互動情形。記錄資料不僅顯示問題的真實分配，同時亦顯示出學生反應的性質及學生參與的程度。

　　Puckett的代碼系統的優點是觀察者使用代碼系統將行為劃分成有意義的類別，以及觀察者可記錄進行中的行為，而後再依據原本決定好的方法分析資料。而觀察系統是建立在代碼系統之上的，其優點是：(1)代碼系統已完成；(2)信度及效度良好；(3)分析資料的方法已建立；所以，觀察者只需學會即可。要使用代碼時，觀察者首先要記熟各代碼。代碼愈簡單，所花的時間就愈短。一般使用的代碼有下述兩種形式：

1.縮寫：如M代表男性、F代表女性、TW代表台灣等。

2.數字：以數字型式代替描述性資料，如郵遞區號、圖書館藏書資料等。（李淑娟，2007）

## 第二節　佛蘭德斯互動分析系統（FIAC）

佛蘭德斯互動分析系統（FIAC）是1950年佛蘭德斯（Ned A., Flanders）教授與其同事在明尼蘇達大學發展出來的互動分析系統。此系統幾乎包括每個可能發生的課室互動類型的類別。在該系統中佛氏將師生互動行為分成「教師語言型態」、「學生語言型態」及「無從辨別行為」等三大類型，共計十種基本行為類別，其「教師語言型態」中涵蓋代碼1～7的七種行為類別；而「學生語言型態」中包含代碼8的「狹隘的回應性談話」及代碼9的「廣義的主動性談話」等兩種類別；代碼10的「靜默或吵雜」則屬於「無從辨別行為」之類型。有關佛蘭德斯之行為類別系統，詳如**表9-2**。

使用佛蘭德斯互動分析系統進行觀察前，觀察者需記住每一行為的代碼，再加以練習，直到使用代碼有一定的速度後（如每分鐘20～25次記錄），才開始正式進入觀察。正式記錄時只需以代碼的數字來表示教室內所發生的行為。學者指出，這種系統觀察「不會有實際語言的記錄，但其所記錄的數字可讓人推論出教室內的氣氛及描述教師的教學風格」（Simon & Boyer, 1969: 116；引自李淑娟，2007：224）。

觀察時，通常以三秒鐘為一個觀察單位，觀察者用心觀察傾

表9-2　FIAC之行為類別系統

| 行為類型 | 行為代碼 | 行為描述 | 行為定義 |
|---|---|---|---|
| 教師語言型態 | 1 | 接納學生情緒 | 以不帶威脅的態度接受和澄清學生的態度。情感可能是正向或負向的回憶或臆測。 |
| | 2 | 讚賞或鼓勵學生 | 讚美或鼓勵學生的反應或行為。如以笑話解除學生的緊張、或以點頭或說「繼續」、「嗯、哼」等鼓勵學生繼續做下去。 |
| | 3 | 接納學生的想法 | 澄清或擴展學生所提觀點。但教師若加入太多自己的觀點,則列入第5項。 |
| | 4 | 提出問題 | 以教師的觀點為基礎,問有關內容或過程的問題。 |
| | 5 | 講述 | 教師對於內容或程度給予事實或意見,並表達自己的觀點、自己的解釋或引用權威者的觀點。 |
| | 6 | 給予命令或指示 | 指揮、命令學生並期望他們順從。 |
| | 7 | 批評或運用權威 | 教師企圖使學生的行為從不可接受變為可接受。其責罵或說明的用意,完全是以自我為中心的觀點出發。 |
| 學生語言型態 | 8 | 狹隘的回應性談話 | 學生回應老師開頭或引發的問題,學生較無法自由表達自己的觀點。 |
| | 9 | 廣義的主動性談話 | 學生表達自己的想法、開啟新主題、自由發揮意見和思考,如同一些思考性的問題。 |
| 無從辨別行為 | 10 | 沉默或吵雜 | 短時間的沉默或吵雜,使觀察者不易分辨互動的行為。 |

資料來源:李淑娟(2007:224)。

聽，判斷該三秒鐘所代表的行為並予以記錄。費氏指出，觀察記錄時，不管行為的類別有沒有改變，應至少每三秒鐘記錄一次當時發生的行為類別（Flanders, 1970）。

　　表9-3是以FIAC進行一分鐘行為分類的觀察記錄。如果我們依序看下來，就可得知在這一分鐘內語言互動的順序，也可隱約得知教師在教室中使用的教學策略模式及該教室的氣氛。如果我們能蒐集比一分鐘更具代表性的資料（通常最少需要觀察十分鐘或蒐集四百次行為出現的資料，才可推論教室內語言活動的情況），並將這些「原始」資料轉換為行為資料，並加以統計分析，就可以得到教師與學生在教室內語言活動的次數。有了語言行為發生的次數資料後，觀察者便可以很輕易地計算出在觀察期間內某種語言行為發

**表9-2　FIAC之行為記錄範例**

| | | (1) | (2) | (3) | (4) | (5) | (6) | (7) | (8) | (9) | (10) | (11) | (12) | (13) | (14) | (15) | (16) | (17) | (18) | (19) | (20) |
|---|---|---|---|---|---|---|---|---|---|---|---|---|---|---|---|---|---|---|---|---|---|
| 情境：A老師所帶大班幼童的班級　　觀察日期：2005/05/05<br>活動：母親節卡片製作　　觀察時間：10:50a.m.～10:51a.m.　　觀察記錄者：淑娟 | | | | | | | | | | | | | | | | | | | | | |
| 第一分鐘 | | 4 | 9 | 9 | 4 | 5 | 6 | 9 | 7 | 7 | 7 | 6 | 5 | 5 | 9 | 9 | 9 | 7 | 7 | 4 | 4 |
| 第二分鐘 | | | | | | | | | | | | | | | | | | | | | |
| 第三分鐘 | | | | | | | | | | | | | | | | | | | | | |
| … | | | | | | | | | | | | | | | | | | | | | |

註：括弧內數字代表觀察順序，各欄位中所填寫的數字代表行為代碼。
資料來源：李淑娟（2007：225）。

生的百分比;而在統整全部的觀察資料後,教師在教室內所使用的教學策略模式即可顯現出來。因此,運用FIAC,觀察者可以回答以下的問題(廖鳳瑞、李易霖,1998):

1.學生在教室內說話的頻率如何?

2.與他們的教師比起來,學生說話是多還是少?

3.學生是互相交談,還是只與教師對答?

4.教師如何增強學生的不同行為?

5.教師使用何種策略,使學生參與課堂討論?

應用FIAC可以回答上述的問題,而觀察者也可以推論該教室的氣氛及該教室所鼓勵的溝通策略;可見運用簡單且序列性的行為代號,可以得到相當多的資料。該觀察系統具備了簡易又實用的特質。

佛蘭德斯互動分析系統(FIAC)可算是教學過程觀察系統的始祖(Evertson & Green, 1986),也是最常被使用的觀察系統。一般教師、實習教師、督導人員、諮商人員,如果想要觀察及瞭解他們自己在教室內與學生進行語言互動的一般模式,也都會學習使用這套系統(廖鳳瑞、李易霖,1998)。幼兒園也可以此系統觀察師生互動,作為改進教學的方法,讓老師更清楚自己教學的態度或方式,進而能以支持、開放及溫暖的方式與幼兒互動,達到更好的教學品質(李淑娟,2007)。

第三節　SRI課室觀察系統

　　SRI課室觀察系統是Jane A. Stallings等人修正Ned A. Flanders的系統，作為發展評鑑「追蹤計畫」（Project Follow Through）的重要工具〔追蹤計畫是「啟蒙計畫」（Head Start Program）的另一個延續計畫，其內容乃是探討從學前到小學三年級的持續計畫的研究結果了〕。Stallings和她的同事從二十二個已發展的介入模式中選出七種加以評估後，發展成此一觀察系統。SRI是同一時間內涵蓋多種重要範圍的系統（FIAC僅是涵蓋單一範圍的系統），藉由該系統可以蒐集到課室中教學模式的運作情形，研究者可以注意到真實課室狀況和印象中狀況之差異性。SRI系統是從Flanders的系統建立起來的，除了保有FIAC的特色外，又擴大了教師在討論團體之外的語調及非口語暗示。該系統包含三個分開的工具：

1.物理環境資料：每天填寫一次，提供座位型態、設備材料的使用狀況等。

2.課室查核表：一小時填寫四次，一天五小時，共三天，故每個教室都有六十次。此查核表的目的是在提供一天中不同時間發生在課室以及孩子之間（包括和老師互動）的不同活動情況。

3.五分鐘互動時間表：一小時填寫四次，一天五小時，共三天，於填完課室查核表後填寫。它提供了課室互動的種類：誰說話、對誰說、它表達的訊息為何、訊息的意圖等資料。以下是五分鐘互動架構的例子（**表9-4**）與SRI的代碼系統（**表9-5**）。

**表9-4　SRI之五分鐘互動架構範例**

| 1 | 誰 | 對誰 | 什麼 | | 如何 | |
|---|---|---|---|---|---|---|
| Ⓡ | ⓉⒶⓋ | ⓉⒶⓋ | ①②③④⑤ | | ⒽⓊⓃⓉ | |
| Ⓢ | ⒸⒹ② | ⒸⒹ② | ⑥⑦⑧⑨⑩ | | ⓆⒼⓅ | |
| Ⓒ | ⓈⓁ(An)Ⓜ | ⓈⓁ(An)Ⓜ | ⑪⑫ | (Nv)Ⓧ | ⓄⓌ(DP) | Ⓐ Ⓑ |

資料來源：林惠雅（1990：168）。

**表9-5　SRI之代碼系統**

| 誰／對誰 | 什麼 | 如何 |
|---|---|---|
| Ⓣ－老師<br>Ⓐ－助理<br>Ⓥ－自願者<br>Ⓒ－孩子<br>Ⓓ－不同的孩子<br>②－2個孩子<br>Ⓓ－小團體（3-8人）<br>Ⓛ－大團體（9人以上）<br>(An)－動物<br>Ⓜ－機器<br><br><br><br>Ⓡ－重複狀況<br>Ⓢ－同時動作<br>Ⓒ－取消狀況 | ①－命令要求<br>②－開放式問題<br>③－回答<br>④－指示、解釋<br>⑤－評論、問後、普通活動<br>⑥－相關工作敘述<br>⑦－承認<br>⑧－讚美<br>⑨－正確的回答<br>⑩－無回應<br>⑪－等待<br>⑫－觀察<br>(Nv)－動作、非語言<br>Ⓧ－移動 | Ⓗ－高興<br>Ⓤ－不高興<br>Ⓝ－負向的<br>Ⓣ－觸摸<br>Ⓠ－問題<br>Ⓖ－引導／原因<br>Ⓟ－處罰<br>Ⓞ－反對<br>Ⓦ－價值<br>(DP)－戲劇遊戲／假裝<br>Ⓐ－理論的<br>Ⓑ－行為 |

資料來源：林惠雅（1990：168）。

根據Stallings的系統，五分鐘互動時間表讓研究者可以研究諸如老師的問題型態、增強方法、控制系統和情緒正／負向表現等行為；同時，獨立、工作持續性、合作及兒童的提問也可以被評量（林惠雅，1990）。

SRI觀察系統能有效觀察教室內師生的行為且受到肯定。研究者可以從中瞭解到教室內進行什麼活動和師生互動的情形。透過SRI觀察系統可獲得在教室內誰說話、對誰說話、以什麼態度說話，情緒的表現如何等資料。藉此資料研究者可以瞭解到老師教學的態度和學生的反應所產生的相互影響情形（李淑娟，2007）。

## 第四節　專為幼兒設計的觀察系統

李淑娟（2007）指出，有些觀察系統是專門針對幼兒設計的，例如「學前觀察代碼系統」、「學前教育環境評量的生態行為系統」、「教導結構和學生學業反應的生態行為系統代碼」等。有關這三種觀察系統簡述如下：

### 一、學前觀察代碼系統

學前觀察代碼系統（POC）是以介入研究為理論基礎所發展出來的新系統。該系統的功能是讓執業人員能在評量與輔導的過程中分析幼兒常發生的問題行為，以及可能對介入很重要的教室情境特徵。該系統共有九種行為狀況類別（包括「有關兒童行為問題」的行為問題、退縮或孤立，及與學習困難有關的專注行為等三類，以及「有關教室情境方面」的大團體教學、小組教學、自由遊戲、個人工作等四類；另外還有遊戲的參與情形、社會互動等共九類）和十一種事件類別（如改變活動、與教師的互動等）。其使用方法包括一卷事先錄好的計時錄音帶，該錄音帶每三十秒發出提示聲一次

（共有二十次，共計十分鐘），在這三十秒內，觀察者先觀察幼童，記下他當時行為狀況的代碼，其後利用剩下的時間再進行事件類別的記錄。對於事件類別的記錄，此系統同時使用時間抽樣與次數記錄（Bramlett & Barnett, 1993）。

## 二、學前教育環境評量的生態行為系統

學前教育環境評量的生態行為系統（Ecobehavioral System for Complex Assessment of Preschool Environment, ESCAPE），是學前教育代碼系統中很重要的一種觀察系統。該系統共包含了十二種類別、一百零一個代碼；其中六個類別是「有關教室的生態」（如教材、活動結構等），三個類別是「有關教師的行為」，另外三個類別是「有關學生的行為」。這些代碼需要利用生態行為系統軟體（Ecobehavioral Assessment Systems Software, E-BASS）在電腦化程序語言作資料蒐集與分析（Carta, Greenwood & Atwater, 1985）。

使用這個系統的主要目的是評量目標幼童所接受的介入課程是否有成效。它提供觀察者有關教師與兒童之間互動的詳細資料，同時也顧及教學與場所的特性。該系統的代碼非常複雜，需要相當的訓練才能熟悉運用。

## 三、教導結構和學生學業反應的生態行為系統代碼

教導結構和學生學業反應的生態行為系統代碼（The Code for Instructional Structure and Student Academic Response, CISSAR）共有八種類別，包括：活動（12），工作任務（8），結構（3），老師

表9-5　CISSAR種類、描述及代碼

| 生態系統種類 | 代碼數 | 描述 | 代碼 |
|---|---|---|---|
| 活動 | 12 | 教導科目 | 語文、數學、拼字、寫字、科學、社會、美勞、自由時間、轉銜時間等 |
| 工作任務 | 8 | 課程材料、老師所設定的刺激 | 閱讀、工作手冊、紙筆、專心聽講、其他媒體、師生討論等 |
| 結構 | 3 | 教導時的團體及同儕互動 | 全體、小團體、個體 |
| 老師姿態 | 6 | 觀察到老師對學生反應的姿態 | 在學生之前、在學生之中、教室外、在學生之後、在學生旁邊、坐在老師桌 |
| 老師行為 | 5 | 觀察到老師對學生的行為 | 教導、沒有反應、贊許學生行為、不贊許學生行為、討論其他與教學無關話題 |
| 學生行為種類（學業反應） | 7 | 特定、主動反應 | 記筆記、大聲朗讀、默讀、提問、回答問題、學業討論、學術遊戲 |
| 工作任務管理 | 5 | 先前或有能力回應 | 注意、舉手、查閱材料、適當移動及遊戲等 |
| 競爭性（不適當反應） | 7 | 與學業或工作任務管理無關的反應 | 到處閒晃、打斷別人、不適當的搗蛋遊戲、閒話、自我導向的行為 |
| 總數 | 53 | | |

資料來源：Greenwood et al. (1984: 521-538).

姿態（6），老師行為（5），學生行為種類（學業反應）（7），工作任務管理（5）及競爭性（不適當反應）（7），五十三個代碼（**表9-6**）。

　　DiPerna等人（2002）從許多使用ESCAPE或CISSAR的觀察評量的研究中獲得下列結論：

　　學科參與時間只能讓學生獲得學業成就的使能者（academic enablers），但是促進學業表現的環境才是最重要的關鍵。

　　ESCAPE及CISSAR已被美國小學及幼兒園廣泛使用來評量學生的學業技巧，而且這些工具已具有高度的一致性（評分者間）的信度。

# Chapter 10

## 觀察資料的詮釋

觀察是瞭解孩子行為及決定成人是否參與兒童的主要關鍵。基於這些理由，老師必須要能很準確地及有系統地觀察兒童遊戲。

　　在前面幾章中，已很有系統地介紹了使用於觀察兒童行為的工具，茲將其特點分述如下：

1. 檢核表特定找出孩子在遊戲時的行為，並有效地提供簡易的記錄系統。通常檢核表可以查證你所觀察的標的行為之出現與否，同時也可以做頻率記錄。前面已介紹了三種非常有用的觀察系統：(1)Parten/Piaget社會／認知檢核表，觀察幼兒認知及社會層次的遊戲行為；(2)Howes同儕遊戲檢核表，進一步分析幼兒社會行為的層次；(3)Smilansky社會戲劇遊戲量表，觀察幼兒是否具有高品質團體戲劇要素及技巧，對各量表我們也提供了記錄指引及方法。

2. 計分評量表比檢核表記載行為之有無出現有更多的兒童遊戲行為訊息。這些評量表可幫助評量者在兒童遊戲行為之質與量中有更好的判斷。第八章中我們已介紹兩種兒童遊戲評量表：Lieberman的玩性評量表及Penn同儕遊戲互動量表。

3. 軼事記錄比檢核表及計分評量表有較少結構。觀察者只要紙筆或卡片記載兒童在遊戲時所發生的事件。軼事筆記及軼事花絮可比檢核表之量化勾選行為次數有更多的遊戲脈絡訊息，但是使用此種方法，觀察者會較費力、費時。

4. 在遊戲角之活動錄影記錄較不需要老師特別的心力及注意，而且可以提供兒童整個遊戲情節。

5. 第四章的日記法可提供綜合式的記錄，提供有條理的整理資

訊以及長期縱貫的資訊，記錄詳盡，可提供幼兒行為細節以
及永久的發展資料，其使用方便，方法簡單，繕寫方式不固
定，不經訓練的教保人員或父母皆可使用。

6.第六章的樣本描述法，是從日記法和軼事記錄法所延伸出來
的一種連續記錄法。此種方法需要觀察者具有敏銳的觀察
力，以詳盡淺顯的文字，將現場情境縝密地記錄，甚至要有
更長的時間，以讓資料多且豐富，以便觀察者能詳實分析被
觀察者與生態環境脈絡之互動歷程。

7.範圍單位分析法是針對實地行為之單位分析，其具有不錯的
信度與效度。此種方法也是連續記錄方法，可提供研究對象
和環境的互動關係。然而，觀察者要預先規劃記錄行為及分
析系統，其特有特殊的觀察目的，不適合一般教保人員或家
長使用，而是適合教保專業人員針對特定目的作為研究分
析，以提升教學效果或孩童的學業成就。

　　所以說來，每一種觀察記錄法都有其不同的特性、不同的使用
方法、不同的優缺點，也有其最適合運用的情況與目的。觀察者可
依據其想要得到的資料形式，以決定其觀察記錄的方法。

　　瞭解幼童最適切的方式，就是透過行為觀察、記錄以及正確解
讀及分析觀察行為資料。正確解讀所觀察的行為資料，不但可幫助
教保人員回應幼童的需求，甚至瞭解幼童的行為發展歷程。除此之
外，對於教保專業工作人員，應用兒童行為觀察更能瞭解幼童在真
實自然情境的行為表現，以及幼童與環境脈絡之互動關係，除了瞭
解幼兒行為與發展之外，最重要是據此來調整教保環境與策略。

兒童行為觀察，尤其是參與觀察法之適合情境為（王昭正、朱瑞淵譯，1999）：(1)欲研究的問題和兒童的生活意義及互動關係；(2)欲探索的現象可在日常生活的情境或環境中觀察；(3)觀察者可接近適當的環境；(4)行為現象符合個案型式做研究；(5)研究所提出的問題適用於案例研究；(6)欲研究的問題可由取自直接觀察法或其他適於田野環境之研究方法的質性資料獲得說明。

　　參與觀察法特別適用探索性研究、敘述性研究以及目的在取得理論性解釋的一般性研究，尤其在建立抽象概論的解釋及推演，而且較屬於個案研究，通常也是質性研究的人文派典取向（humanistic paradigm approach）。此種方法有別於科學派典取向（scientific paradigm approach），在大型族群中從理論演繹有限變數中的因果關係，應用調查或實驗研究設計，進一步檢驗數值的因果關係。

# 第一節　兒童行為觀察的方法論

　　兒童行為觀察，尤其是參與觀察法，其作為研究的原則、策略、步驟方法及技術所組成之方法論，至少包括有七項基本特徵，分述如下：

## 一、圈內人的觀點

　　參與觀察是以特定的情境和環境的圈內人角色，對兒童人文生活意義和互動關係所表現的特殊關心。唯有在自然情境的日常生

活中，兒童的行為賦予意義，並依此意義產生互動行為（Denzin, 1978）。所以說來，在真正瞭解圈內人的文化以及他們用來傳達各種意義所用的語言之前，我們只能對圈內人的世界產生粗略的概念（Hall, 1966）。為了獲得進一步的理解，我們必須瞭解他們在某些特殊情境下所使用的語言與文化（Hall, 1976），所以說來，參與觀察就是促使圈內人所認識的人類存在的意義（Spradley, 1980），而圈內人觀點中的日常生活世界，就是觀察情境脈絡，而觀察記錄就是描述及揭露人們日常生活中的意義，換言之，也就是兒童的現實世界。

## 二、日常生活的世界

對參與觀察法，研究場域是被觀察者活生生的日常生活世界，也是幼童平凡、普通、典型、例行或自然的環境，這也是質化的自然情境。這個世界與量化研究者在實驗法與調查法中由創造或操縱的環境正好相反，最重要的是人類如同其他動物般，當他知道正在接受研究時，會有不同的行為反應（Douglas et al., 1980）。例如 Mandell（1988）為了研究學齡前兒童的社交社會，研究者選擇兩所幼兒園，並在遊戲場、教室、走廊、洗手間及餐廳中進行觀察。

## 三、釋義性理論及理論推演

參與觀察者之目的在於累積人類存在之日常生活事實，提供實用及理論性的事實。理論是一組概念和歸納結果，提供瞭解現象的一種觀點、一種看法或是一種釋義（Agar, 1986）。換言之，參與

性觀察可以產生概念和歸納結果,進而成為釋義性理論(質化研究之目標)。這些概念和歸納結果可用來檢驗既存的假設和理論或產生實用的決策應用(量化研究之目標)。

釋義性的理論重在概念的形成,以及概念與概念之間關係的陳述。然而解釋性的理論推演(演繹法),包括一套「驗證的邏輯」,特別在假設檢定的形式之下(Kaplan, 1964),這套邏輯具有下列三個步驟:

1.使用衍生自理論摘要的假設形式,或與這些摘要相關的假設形式、定義與研究問題。
2.以檢驗的方法,定義此等假設的概念(操作定義)。
3.對概念進行精確的檢驗,最好以量化資料(統計分析)來檢驗。

舉例說明,Jean Piaget曾使用參與觀察其女兒歸類兒童心智發展的理論,他想瞭解兒童的思考(認知)的形成,在閱讀相關文獻後,Jean Piaget取得許多與這個問題有關的不同見解,從觀察中也得到幼童如何思考以及不同階段的思考特徵,最後形成其認知發展理論(假設)。之後的學者(如Inhelder)以此理論論點進行泛文化的實驗性研究驗證Jean Piaget的理論。

## 四、開放式邏輯及研究方法

參與觀察法強調「發現的邏輯」,其目的在於鼓動概念、歸納及理論的過程(Kaplan, 1964),其目的是要建立人類現實

（reality）的理論（Agar, 1986）。所以，我們需要一套彈性的開放式流程，以識別並定義所要研究的問題、概念，以及蒐集和評估證據的適當方法。也就是說，參與觀察法鼓勵研究者由現實環境和情境中的生活經驗著手，並儘量利用所有機會、蒐集各式各樣的記錄，最後匯集成概念以及形成理論。

## 五、深入性個案研究

個案研究有不同形式，然而參與觀察法是以案例研究形式，透過對案例的詳細描述和分析，以形成人文派典（humanistic paradigm）（Becker, 1968: 232-238）。個案研究強調嚴肅檢驗現象，同時，要避免現實與其相關之環境分離。

以參與觀察法進行的個案研究，其缺點為樣本不具代表性，也可能被認為個案不具特別相關性。然而，對質性研究而言，個案研究企圖之研究問題的方式，對現象進行廣泛及澈底的描述。對於部分的參與性觀察，單一研究的代表性可能存有偏見問題（Douglas, 1985）。支持個案之「典型性」，所以參與觀察法常使用非機率抽樣方法，但是機率抽樣當然還是可以使用的。

## 六、參與者角色

參與觀察是一種非常特殊的策略與方法，讓我們進入人類存在的私密面與主觀面（Kriger, 1985）。透過參與，研究者得以用圈內人的角色，觀察並體驗人類的意義及互動行為。所以，在參與觀察中，研究者需要以直接參與者的身分，涉入人們的日常生活。參與

者的角色，為我們提供了由成員或圈內人的角色，進入日常生活世界的方法。

參與者涉入的程度從邊緣角色到圈內人的角色不等；研究者的涉入可以公開的涉入、隱密的涉入，以及讓被觀察者知情同意下涉入。在進行研究時，儘量不干擾被觀察者，必須扮演多重角色，同時和研究的人群、情境和環境互動，但要取得關係融洽。

## 七、資料蒐集的方法

質性研究資料來源通常是軟性資料（soft data），如文件（報紙、日記、備忘錄、信件）、錄音（影）材料和人造物件（artifacts）（如藝術作品、工具、服裝、建築），這些資料皆可由田野研究環境取得。

然而，參與觀察是在田野一手的日常生活事實，所以將觀察結果作成記錄（如日記法、軼事記錄、樣本描述等方法取得）。參與觀察者通常將田野研究中的活動、獨特的經驗，以及其他可能有用的事件，記錄在日誌或日記中。所以，研究者在觀察所得記錄後，或在結束某段時間的觀察後，研究者要將記錄建檔，執行整理及分析素材的工作（Conrad & Reinharz, 1984）。

## 第二節　有效的兒童行為觀察

有效的兒童行為觀察是要客觀及有系統的，除了建立概念理論之目的外，也可提供兒童真實生活的現實。一個有效的兒童行為

觀察應包括：客觀地對兒童現實提供觀察與記錄、兒童行為的探討與模式建立，以及合理的歸類及推演（Head Start Information and Publication Center, 2005）。

## 一、客觀地對兒童現實提供觀察與記錄

對於一位觀察者而言，為了要瞭解兒童行為的真實面，須秉持如同科學家探討自然科學現象時「客觀」與「熱情」並重的態度，公正地評估及記錄每位兒童在各個領域的發展。這是一項重要而巨大的挑戰，我們並不樂見兒童周圍的成人僅是以保持距離、冷漠而拘謹的狀態在「觀察」兒童，但我們同時也不希望成人在觀察兒童行為時，涉入自己主觀的認知、情感或期待等等，而背離或扭曲了兒童的真實面貌。

觀察者本身並不容易覺察自己的主觀性，要如何界定是主觀或客觀觀察記錄？一般而言，主觀的行為觀察記錄是受到觀察者心情狀態、個人觀點或對於事件推論意義所影響；而客觀的兒童行為觀察記錄是公平而不帶價值判斷、沒有偏見、非個人觀點的，而且不是藉由感受或歸納出來的（李淑娟，2007）。

### (一)影響觀察行為客觀性之因素

Nilsen（2003）提出觀察者的經驗會影響個人在觀察行為的客觀性，分述如下：

#### ◆觀察者的童年經驗

出生序、健康情形、人格特質、與家人的互動情形、重大事故

等等皆影響著一個人的童年經驗，觀察者在觀察時可能會不自覺地將兒童的行為現象與自己的童年經驗做連結與比較，例如可能會思考：「這位兒童的缺點和我小時候一樣……愛說話，他上小學老師鐵定不會喜歡他。」

### ◆觀察者所受教育和訓練經驗

教育程度和所學習到的哲學觀點會影響觀察者對兒童的知覺和判斷，例如：如果循心理分析的觀點，觀察者會尋找行為背後的意義；循心理社會論的觀點，觀察者會把焦點放在每一個發展階段生物性和社會性要求之間的衝突上；行為主義者的觀點則會使觀察者注意是哪些刺激和反應增強了兒童行為。

### ◆觀察者和兒童相處的經驗

在進行專業的觀察之前，每個人或多或少曾有和不同年齡層兒童互動的經驗，這些經驗都會存留在記憶當中，例如：對行為安全的敏感度、對於紀律的堅持程度等等，都影響著觀察者去忽略或重視某些行為。

### ◆觀察者自身的學習型態

觀察者有其個人的學習型態，因此會以不同方式來吸收訊息，例如：聽覺學習者會從兒童發出的語言和聲音吸取訊息；視覺學習者會從兒童行為的行動、場景和圖像中吸取訊息。

### ◆觀察者的價值觀

社會影響著觀察者個人價值觀的形成，對社經階層、種族、國族和性別等等的觀點都會滲入參照架構當中。

## (二)客觀的現象觀察與記錄應遵循之要點

　　至於在觀察記錄的當下要如何才能做出客觀的現象觀察及記錄？遵循以下要點可降低主觀的影響（Head Start Information and Publication Center, 2005）（引自李淑娟，2007: 240）：

1.只記錄事實。

2.依發生的次序記錄這些事情。

3.以準確的、真實的細節來描述情境以及行動。

4.不刪除任何部分，盡可能的詳細記錄。

5.準確地記錄說話的內容。

6.觀察時絕不做詮釋。

7.不記錄任何沒有看到的事情。

8.運用文字來描述，但是不去做判斷或是詮釋（Beaty, 2001）。

## 二、兒童行為的探討與模式建立

　　進行兒童行為客觀觀察及記錄之後的第二步即是尋找兒童行為的模式。針對幼兒的行為，我們必須將所有觀察訊息視為整體，單一的流水帳記錄、檢核表或是時間抽樣方法所獲得的資料並無法給予我們兒童行為的全貌，較長時間以及較多方法、多方面的觀察資料將有助於我們有較完整的認識。如果能進一步以事件抽樣方法或樣本描述法，詳細觀察及描述幼兒某項學習或行為的細節與改變歷程，將有助於我們對孩子行為的瞭解。一旦確定蒐集齊全兒童行為

的現象與資料，研究者要省思這些行為背後的現象並參閱文獻以探討兒童行為模式的解釋。

## 三、合理的歸類及推演

如同前一節所述，觀察的資料要建立概念或概念之間關係的理論，然後再以理論推演以建立假設，並尋求其假設命題的驗證。

詮釋（解釋）是對於所觀察的行為賦予意義。所有的觀察所得資料都可以、也應該導致某些詮釋，詮釋包括了分析、評量，其導向推論及結論，為了避免詮釋時過於武斷主觀，我們需要再度強調，準確而客觀的觀察記錄才是有效的，而經常性、穩定地進行觀察才能夠使觀察具有可信性，有效而可信的資料才具有分析、推論及做出結論與行動建議的價值，否則觀察所獲得的資料並無助於實際的應用（李淑娟，2007）。

詮釋具有以下功能：

1. 使觀察具有意義。
2. 將觀察放入一個觀點中，和我們已經知道的有所連結。
3. 幫助我們去理解我們所觀察到的現象。
4. 提出必要的行動相關議題，例如：是否需要進一步觀察兒童的行為，以瞭解原因到底是什麼？是否需要採取行動來為兒童修正或改善環境？
5. 提供應用觀察結果的實施基礎。
6. 將所觀察到的現象與兒童發展、教學及學習理論作連結。

推論必須建立在許多的現象觀察基礎之上，兒童的行為模式及趨勢自然地導向推論，Beaty（2001）所定義的推論是一種雖然是暫時性的、實驗性的陳述，但因為其至少是建立在之前被認為是客觀真確的觀察訊息和陳述之上，因此，合乎邏輯的推論能夠被認定本質上是客觀而可被接受的。

要讓詮釋的資料成為決策及行動時有用的訊息，就必須做出結論，這時候專業工作者必須憑藉知識和經驗找尋所觀察到的資料背後的意義，是否有任何的教育或心理學的理論能夠解釋所觀察到的現象？過去是否觀察到類似的行為？在兒童這個年齡的發展階段上，其行為是典型、正常的或異常的？兒童的行為存在任何文化層面的解釋嗎？一般而言，兒童行為的觀察記錄以及詮釋愈客觀，結論也將更具效力。諮詢家長、同事、主管或其他專業領域工作者的建議，可能有助於我們對於兒童行為有更多領悟，重點是如果我們希望資料的結論更具效力，我們就必須使結論是支持所觀察發現的行為現象（李淑娟，2007）。

## 第三節　行為觀察的信度與效度

量化測量是一動態的演繹過程，涉及所關心的問題如何形成研究焦點、提煉研究問題、擬定假設、決定分析單位、發展具體的變項測量工作，將研究變項之概念形成建構，以利測量工作的發展，對之進行觀察，以產生資料，加以分析（郭靜晃，2007）。

然而，觀察的資料轉換成資料是否涉及客觀與系統，將涉及

其科學嚴謹性。所以說來,評估兒童行為觀察的發現與記錄是否客觀且貼近兒童現實,信效度的考量是必要的。信度(reliability)是指可靠近(trust worthiness)、一致性(consistency)或穩定性(stability),也就是說,一種記錄能穩定地記錄其真正的特性。效度(validity)是指測量結果之正確性(accuracy),或指測量目標與測量結果之一致程度。

行為觀察涉及觀察者的人為誤差,最常用的是評分者內(intra-rater)的信度和評分者間(inter-rater)信度,前者主要是測穩定性,而後者主要是測一致性。信度是效度的必要而非充分之條件,如果信度不好必然會影響其效度。

## 一、行為觀察的信度

評分者信度(包括評分者間及評分者內)是被廣泛使用行為觀察的信度。信度也就是可靠的程度,信度越高表示觀察的一致性越高而誤差越低。

如果是採用量的觀察記錄方式(如使用類別系統或是檢核表)時,我們必須重視的就是觀察工具的設計以及觀察者之間的一致性,觀察者必須針對觀察的目的、程序以及編碼的界定方式進行討論及確認,例如,如果想觀察的是兒童的合作行為,那麼最好列出所謂「合作行為」完整的可能行為的一覽表,以利於不同的觀察者進行歸類(周玉真譯,1999;廖鳳瑞、李易霖譯,1998)。

在進行觀察訓練時,觀察者應先瞭解觀察工具的內容,然後針對一份觀察逐字文稿或錄影紀錄來進行分類及討論。觀察者之間

的一致性通常有兩種：一種是多位觀察者之間觀察的一致性程度
（inter-observer agreement），意謂即使由不同的人來觀察也不會有
太大差異，不同觀察者之間越有共識，觀察的一致性或「信度」就
越高。另一種是觀察者本身的一致性（intra-observer agreement），
指的是同一位觀察者在不同時間或狀況下觀察的一致性程度，也就
是觀察者必須在短時間內再度到觀察情境當中進行觀察，以判斷兒
童行為是否真的具有某種固定的行為模式，這也就是所謂的觀察的
穩定性（周玉真譯，1999）。通常信度係數是兩變項資料的皮爾遜
積差相關係數。

　　如果採用的是類別系統，計算信度的最簡單方式就是計算兩個
人對同一個事件或一位觀察者在不同時間或狀況下觀察分類的一致
程度，方法是分別計算出兩者彼此之間或一個人前後之間一致和不
一致的歸類個數，這個數值可以呈現出觀察資料分析的過程具有多
少可信度。通常最常使用的信度即是不同觀察者同時觀察同一事件
的一致性，其計算公式如下：

　　一致性信度係數＝觀察一致的數目÷（觀察一致的數目＋觀察
　　不一致的數目）

　　一致性信度係數的範圍從完全不一致（0）到完全一致（＋
1.0），信度係數愈趨近於1，可靠性就愈高。假如一致性係數低於
0.7，觀察者就應該提出合理的說明（廖信達，2004，周玉真譯，
1999）。

## (一)提升量的觀察方式之信度

以下的做法有助於提升量的觀察方式的信度（黃意舒，2002；李淑娟，2007）：

1. 精確地定義所要觀察的行為，觀察項目的敘述必須明確，以減少發生主觀判斷以及自行推論的可能性。
2. 使用系統化、清楚而使用方便的記錄方式。
3. 進行觀察的訓練，取得觀察者之間的共識。

## (二)提升質的觀察方式之信度

如果採用的是質的觀察記錄方法（如日記法、樣本描述法及軼事記錄法），就必須事先釐清觀察的主要焦點、蒐集及分析資料的方法，以下的做法有助於提升質的觀察方式的信度（黃意舒，2002；李淑娟，2007）：

1. 現象記錄時儘量保持客觀，與主觀詮釋的部分加以區分。
2. 記錄儘量詳細，避免遺漏重要的行為訊息及連續的意義。
3. 針對記錄做分析時，依行為所做的篩選、歸類及標籤過程必須合理，必須有具體的資料及證據提供支持。
4. 進行詮釋時必須依據事實資料來分析。

## 二、行為觀察的效度

行為觀察的效度指的是命中所欲觀察目標的程度，效度所關心的是觀察結果是否符應觀察者所想要瞭解的行為主題，以及觀察工

具是否真正蒐集到試圖蒐集的資料。

　　量的觀察工具之效度主要是透過內容分析來檢視觀察的項目是否合理且合乎邏輯。內容分析所得的行為指標必須要有其重要性及代表性，而且指標之間不能重疊或重複。具有效度的量的觀察有以下條件（黃意舒，2000；李淑娟，2007）：

1.觀察者的動機清晰，知道自己「為什麼觀察」以及「要觀察什麼」。
2.依據觀察組織及所訂定的觀察項目架構必須合理，且反映出其重要性及代表性。
3.觀察的項目需要有明確的操作性定義，有助於觀察者憑藉感官知覺而非憑藉推論來做判斷。

　　具有效度的質的觀察過程中，觀察者除了必須清楚的動機及觀察焦點，最好選擇易出現觀察主題行為的情境，對於與主題有關的行為必須具有敏覺性。此外，在資料分析階段要掌握詳盡、謹慎、客觀、定義明確等原則，詮釋資料階段必須清楚覺察本身的假設性判斷，並以證據來證明這些判斷是否適切且獲得支持（黃意舒，2000；李淑娟，2007）。

# 參考文獻

## 一、中文部分

王昭正、朱瑞淵譯（1999）。Danny L. Jorgensen著。《參與觀察法》。台北市：弘智。

朱柔若譯（2000）。《社會研究方法》。新北市：揚智文化。

李淑娟（2007）。〈質化的兒童行為觀察記錄法〉。輯於陳李綢、李淑娟、保心怡等著。《兒童行為觀察與輔導》。台北市：空大。

周玉真譯（1999）。E. C. Wragg原著。《如何進行教室觀察》。台北市：五南。

林正文（1993）。《兒童行為觀察與輔導——行為治療的輔導取向》。台北市：五南。

林惠雅（1990）。《兒童行為觀察法》。台北市：心理。

郭生玉（1991）。《心理與教育研究法》。台北市：精華書局。

郭靜晃（2007）。《社會行為研究法》。台北市：洪葉。

郭靜晃（2013）。《兒童發展與保育》。台北市：威仕曼文化。

陳李綢、李淑娟、保心怡（2007）。《兒童行為觀察與輔導》（修訂再版）。台北市：空大。

黃意舒（2002）。《兒童行為觀察法與應用》。台北市：心理。

黃馨慧（2001）。《幼兒行為觀察與記錄》。台北市：華騰。

廖信達（2004）。《幼兒行為觀察與記錄》。新北市：群英。

廖鳳瑞、李易霖（1998）。A. E. Boehm及R. A. Weinberg原著。《兒童行為觀察——課室經營之鑰》。新北市：光佑。

## 二、英文部分

Agar, M. H. (1986). *Independants Declared*. Washington DC: Smithsonian Institution Press.

Barker, R. G., & Wright, H. F. (1951). *One Boy's Day: A Specimen Record of*

幼兒行為觀察與記錄

*Behavior*. NY: Harper.

Barnett. L. (1990). Playfulness: Definition, design and measurement. *Play and Culture, 3*, 319-336.

Beaty, J. (2001). *Observing Development of The Young Child*. NJ: Prentice Hall.

Becker, H. S. (1968). Social observation and social class studies. In D. L. Sills (Ed.), *International Encyclopedia of the Social Sciences*, (pp. 232-238). NY: Macmillan.

Bramlett, R. K., & Barnett, D. W. (1993). The development of a direct observation code for use in preschool settings. *School Psychology Review, 22*, 49-62.

Carta, J. J., Greenwood, C. R., & Aewater, J. B. (1985). ESCAPE: eco-behavioral system for complex assessment of the preschool enviroment. Kansas City, KA: Juniper Gardens Children's Project, Bureau of Research, University of Kansas.

Christie, J., Enz, B., & Vukelich, C. (1997). *Teaching Language and Literacy: Preschool Through the Elementary Grades*. NY: Longman.

Conrad, P., & Reinharz, S. (Eds.) (1984). Computer and qualitative date. special Issue of *Qualitative Sociology, 7*, 1 and 2.

Denzin, N. K. (1978). *The Research Act: A Theoretical Introduction to Sociological Methods*. NY: McGraw-Hill.

DiPerna, J. C., Volpe, R. J., & Elliott, S. N. (2002). A model of academic enablers and elementary reading/language arts achievement. *School Psychology Review, 31*, 298-312.

Douglas, J. D. (1985). *Creative Interviewing*. Newbury Park, CA: Sage.

Douglas, J. D, Adler, P. A., Adler, P., Freeman, A. F., & Kotarba, J. A. (1980). *Introduction to the Sociologies of Everyday Life*. Boston: Allyn & Bacon.

Doyle, A., Connolly, J., & Rivest, L. (1980). The effect of playmate familiarity on the social interactions of young children. *Child Development, 51*, 217-223.

Evertson, C. M., & Green, J. L. (1986). Observation as inquiry and method. In M. C. Wittrock (Ed.), *Handbook of Research on Teaching* (3rd ed.), (pp. 162-213). NY: Macmillan.

Fantuzzo, J. W., & Sutton-Smith, B. (1994). *Play Buddy Project: A Preschool-Based Intervention to Improve the Social Effectiveness of Disadvantaged, High-Risk Children*. Washington DC: US Department of Health and Human Services.

Fantuzzo, J. W., Sutton-Smith, B., Coolahan, K. C., Manz, P., Canning, S., & Debnam, D. (1995). Assessment of play interaction behaviors in young low income children: Penn interactive peer play scale. *Early Childhood Research Quarterly, 10*, 105-120.

Flanders, N. A. (1970). *Analyzing Teaching Behavior*. Reading, MA: Addison-Wesley.

Gold, R. (1969). Roles in sociological field observations. In G. McCall & J. L. Simmons (Eds.), *Issues in Participant Observation* (pp. 30-39). Menlo Park: Addison-Wesley.

Greenwood, C. R., Dinwiddie, G., Terry, B., Wade, L., Stanley, S., Thibadeau, S., Delquadri, J. C. (1984). Teacher-versus peer-mediated instruction: An ecobehavioral analysis of achievement outcomes. *Journal of Applied Behavior Analysis, 17*, 521-538.

Hall, E. T. (1966). *The Hidden Dimension*. NY: Anchor.

Hall, E. T. (1976). *Beyond Culture*. NY: Anchor.

Head Start Information and Publication Center (2005). Observation and recording: Tools for decision making. Retrieved 2015/10/23, from http://www.head start/org/publications/observation_recording.

Henniger, M. (1985). Preschool children's play behaviors in an indoor and outdoor environment. In J. L. Frost & S. Sunderlin (Eds.), *When Children Play* (pp. 145-150). Wheaton, MD: Association for Childhood Education International.

Howes, C., & Matheson, C. (1992). Sequences in the development of competent play with peers: Social and social pretend play. *Developmental Psychology, 28*, 961-974.

Howes, C. (1980). Peer interaction of young children. *Monographs of the Society for Research in Child Development, 53* (Serial No. 217).

Irwin, D., & Bushnell, M. (1980). *Observational Strategies for Child Study.* NY: Holt, Rinehart and Winston.

Kaplan, A. (1964). *The Conduct of Inquiry: Methodology for Behavioral Science.* San Francisco, CA: Chandler.

Krieger, S. (1985). Beyond Subjectivity: The use of the self in social science. *Qualitative Sociology, 8,* 309-324.

McLoyd, V. (1990). Minority children: Introduction to the special issue. *Child Development, 61,* 263-266.

Neuman, W. L. (2000). *Social Research Methods: Qualitative and Quantitative Approaches.* NY: Allyn & Bacon.

Nilsen, B. (2003). *Week by Week: Plans for Observing and Recording Young Children.* Delmar, NY: Thomson Learning.

Parten, M. B. (1932). Social participation among preschool children. *Journal of Abnormal and Social Psychology, 27,* 243-569.

Pellegrini, A. (1996). *Observing Children in Their Natural Worlds: A Methodological Primer.* Mahwah, NJ: Erlbaum.

Piaget, J. (1962). *Play, Dreams, and Imitation in Childhood.* NY: Norton.

Rhodes, L., & Nathenson-Mejia. S. (1992). Anecdotal records: A powerful tool for ongoing literacy assessment. *The Reading Teacher, 45,* 502-509.

Roper, R., & Hinde, R. A. (1978). Social behavior in play group: Consistency and complexity. *Child Development, 49,* 570-579.

Rosenblatt, D. (1977). Developmental trends in infant play. In B. Tizard & D. Harvey (Eds.), *The Biology of Play.* Philadelphia, PA: Lippincott.

Rubin, K. H., Fein, G. G., & Vandenberg, B. (1983). Play. In P. H. Mussen (Ed.), *Handbook of Child Psychology. Vol, 4. Socialization, Personality, and Social Development* (4th ed.) (pp. 693-774). NY: Wiley.

Rubin, K. H., Maioni, T. L., & Hornung, M. (1976). Free play behaviors in middle and lower class preschoolers: Parten & Piaget revisited. *Child Development, 47,* 414-419.

Rubin, K. H., Watson, K., & Jambor, T. (1978). Free play behavior in preschool and kindergarten children. *Child Development, 49*, 536-536.

Simon, A., & Boyer, E. G. (1969). Technical tools for teaching. In M. G. Gottsegen & G. B. Gottsegen (Eds.), *Professional School Psychology* (pp. 107-147). NY: Grune & Stratton.

Smilansky, S. (1968). *The Effects of Sociodramatic Play on Disadvantaged Preschool Children*. NY: Wiley.

Smilansky, S., & Shefatya, L. (1990). Narrowing socioeconomic groups in achievement through be kindergarten reading instruction. *Journal Studies in Education, 21*, 4-68.

Spradley, J. (1980). *Participant Observation*. NY: Holt, Rinehart & Winston.

Sylva, K., Roy, C., & Painter. M. (1980). *Childwatching at Playgroup & Nursery School*. Ypsilanti, MI: High/Scope Press.

Tizard, B., Philps, J., & Plewis, I. (1976). Play in preschool centers (II). Effects on play of the child's social class and of the educational orientation of the center. *Journal of Child Psychology and Psychiatry, 17*, 265-274.

Vukelich, C. (1995). Watch me! watch me! understanding children literacy knowledge. In J. Christie, K. Roskos, B. Enz, C. Vulkelich & N. Neuman (Eds.), *Reading for Linking Literacy and Play*. Newark, DE: International Reading Association.

幼教叢書 33

# 幼兒行為觀察與記錄

作　　　者／郭靜晃
出　版　者／揚智文化事業股份有限公司
發　行　人／葉忠賢
總　編　輯／閻富萍
特約執編／鄭美珠
地　　　址／新北市深坑區北深路三段 260 號 8 樓
電　　　話／(02)8662-6826
傳　　　真／(02)2664-7633
網　　　址／http://www.ycrc.com.tw
　E-mail　／service@ycrc.com.tw
印　　　刷／鼎易彩色印刷股份有限公司
　I S B N　／978-986-298-205-1
初版一刷／2015 年 11 月
初版二刷／2021 年 10 月
定　　　價／新台幣 300 元

國家圖書館出版品預行編目（CIP）資料

幼兒行為觀察與紀錄 / 郭靜晃著. -- 初版. --
新北市 ：揚智文化, 2015.11
面 ； 公分. --(幼教叢書 ; 33)

ISBN 978-986-298-205-1(平裝)

1.兒童心理學 2.行為心理學

173.1                                        104021488